O GUARDIÃO DOS MARES

Amanda Paulino Batista
Pelo espírito Pedro

O GUARDIÃO DOS MARES
A força de uma adaga

Dados Internacionais de Catalogação na Publicação (CIP)
(Câmara Brasileira do Livro, SP, Brasil)

Batista, Amanda Paulino
   O guardião dos mares : a força de uma adaga / Amanda
Paulino Batista. – São Paulo, SP: Anúbis, 2012.

   Bibliografia
   ISBN 978-85-98647-05-0

   1. Espiritismo 2. Romance espírita I. Título.

12-05971   CDD-133.9

Índices para catálogo sistemático:
   1. Romance espírita : Espiritismo 133.9

© 2012, Editora Anúbis

Coordenação editorial:
   Editora Anúbis

   Revisão:
   Lâmia Brito
   Letícia Matei

Diagramação e capa:
   Edinei Gonçalves

São Paulo/SP – República Federativa do Brasil
Printed in Brazil – Impresso no Brasil

Este livro segue as novas regras do Acordo Ortográfico da Língua Portuguesa

Os direitos de reprodução desta obra pertencem à Editora Anúbis. Portanto, não é permitida a reprodução total ou parcial desta obra, de qualquer forma ou por qualquer meio eletrônico, mecânico, inclusive por meio de processos xerográficos, incluindo ainda o uso da internet, sem a permissão expressa por escrito da Editora (Lei nº 9.610, de 19.2.98).

Reservam-se os direitos desta edição à
Editora **Anúbis**
Tel.: (11) 3213-6991

Agradecimentos

Gostaria de agradecer ao espírito do Sr. Pedro, que me deu a oportunidade de ser portadora de sua história.

Agradeço também aos dirigentes religiosos Ritchie e Nelson, que me orientaram e me desenvolveram em minha caminhada religiosa.

Sumário

CAPÍTULO 1
O início
9

CAPÍTULO 2
A morte
27

CAPÍTULO 3
A senhora
43

CAPÍTULO 4
No fundo do mar
65

CAPÍTULO 5
A lei
95

CAPÍTULO 6
A escolha
111

CAPÍTULO 1

O início

Nasci no início do século XVI, na cidade de Porto, em Portugal. Eu tinha apenas 8 anos e vivia perto do porto, era filho de uma prostituta com um homem desconhecido. Desde pequeno tive de me virar sozinho. Aquela que se dizia minha mãe estava constantemente bêbada e atendia seus clientes de dia e de noite. Eu vivia de pequenos furtos, normalmente comida e frutas, e também vivia de esmolas e da caridade alheia. O porto não era o melhor lugar para uma criança viver, pois pelas redondezas dos navios só havia prostitutas, tabernas e comerciantes que tiravam vantagem de tudo o que podiam. Lá era um ambiente em que se encontrava de tudo: desde a família real aos escravos. Tudo ali era muito movimentado e, nesse movimento, durante o raio do sol, alguns não chamavam atenção. Eles eram os piratas, que durante o dia se comportavam, embora se apresentassem raramente no porto nesse horário, mas dele necessitavam para fazer suas compras e negociações. Porém, à noite não se via outra coisa que não fossem homens bêbados e suas prostitutas saciando sua sede, fome e luxúria. Mas, nada podia ser feito, apesar dos guardas reais estarem sempre passando por ali e não haver como provar que eram piratas, pois eles se misturavam aos homens da comunidade, e algumas tabernas tinham espaços especiais para eles, nos fundos. Eu admirava aqueles homens, eles me pareciam felizes e livres, curtindo o que de melhor a vida tinha a oferecer.

Todos sabiam que eles eram um grupo que tinha seu próprio código de conduta, e nesse código continham regras e sentenças para as regras quebradas. Mas, para mim eles eram homens que desfrutavam dos prazeres da vida em seu extremo.

Contudo, os homens que escolhessem essa vida teriam de saber que a expectativa de vida deles não era das mais altas: muitos morriam nas batalhas ou pegavam doenças em alto mar. Também era muito comum ver esses homens mutilados, pois, caso se machucassem em alto mar, o cozinheiro era chamado para analisar o ferimento e, em muitos casos, era optado por retirar o membro para que não houvesse uma infecção generalizada.

Era uma vida muito difícil, intensa e rodeada de muita ilusão, pois a conquista de um ex-pirata era gasta até o fim no consumo árduo do prazer e da fome. Estes homens eram cegos pelos prazeres da carne, escravos de si mesmos.

Era muito perceptível, para todos que viviam ou trabalhavam no porto, que aquele grupo de homens tinha um caráter duvidoso, tiravam vantagem de tudo, era muito difícil ver comerciantes negociarem normalmente com eles.

Eu cresci dentro daquele ambiente, guardando muita mágoa de minha mãe que não se preocupava em nenhum momento comigo; eu via-me naqueles homens. Era como se tudo aquilo fizesse parte do meu destino que eu ainda não sabia qual era. Dependia de mim estar entre aqueles homens, que, aos meus novos olhos, não enxergava além da felicidade momentânea da vida deles.

De todas as caravelas piratas que aportavam ao porto, havia uma que era especial, tinha um tamanho modesto, suas velas o deixavam enorme e rápido, suas formas arredondadas e pontudas o deixavam elegante e majestoso. Era a caravela que qualquer tripulante gostaria de navegar.

Seu capitão era conhecido como Capitão Josefan, um homem impiedoso com seus inimigos e vencedor de muitas batalhas, conquistador dos setes mares. Todos o respeitavam por conta de sua reputação, diziam que ele era um homem amaldiçoado e que tinha a ajuda das forças do mal em suas conquistas.

As conquistas eram certas como a força daqueles homens em sua caravela de tamanho modesto, mas sedutora como uma mulher que utilizava sua essência para conquistar tudo o que desejava.

As disputas eram constantes. Eles batalhavam por riqueza, território e prestígio. Eram disputas infindáveis, e o Capitão Josefan e sua tripulação dificilmente não saiam vitoriosos. Ao conquistarem novos barcos, fossem barcas, escunas ou fragatas, e os mesmos não tivessem muitas avarias, estes eram então entregues à tripulação, que escolhia democraticamente o capitão daquele barco que faria parte da frota do Capitão Josefan. Esse barco poderia fazer seus saques, 30% do que era arrecadado se devia ao chefe da frota, e todo o resto era dividido para tripulação na qual todos recebiam, menos o capitão, que receberia um mais meio. E esse novo barco tinha uma dívida de honra e jurava eterna lealdade ao barco chefe daquela frota.

Nem sempre os novos capitães continuavam a ser leais depois de um tempo. Muitos invejavam o prestígio e cobiçavam as conquistas de Josefan. Destruí-lo era conquistar tudo que ele tinha, sem esforço.

Eu era apenas um garoto de 8 anos quando decidi fazer parte de uma tripulação pirata, para mim, o meu destino já estava traçado e eu só teria de segui-lo.

Por muito tempo vivi no porto, sempre observando como tudo funcionava do alto das sacas de trigo de um dos armazéns, tentando encontrar uma forma de entrar nos barcos; e eu estava decidido a entrar, com a autorização do capitão ou não, em todos os barcos piratas que aportavam no porto, eu só não entraria na caravela do Capitão Josefan, pois as histórias de sua intolerância eram aterrorizantes, as regras eram estabelecidas entre cada um dos membros da tripulação e, quando quebradas, a tripulação era punida várias vezes, sem dó e sem piedade. Minha pretensão era entrar como um clandestino, e, caso fosse pego, o último julgamento que eu gostaria de enfrentar seria o do Capitão Josefan e de sua tripulação.

Depois de alguns meses observando a rotina daquele cais, avistei muitas barcas, brigues, caravelas, escunas e fragatas, mas havia uma caravela que me chamava atenção. Era a caravela do Capitão Mathios, um jovem pirata que tinha fama pelo seu senso de justiça e coerência, seus atos estavam muito relacionados ao bem-estar de sua tripulação, não se mostrava como homem cruel e impiedoso. Ele era um pirata, portanto, não era um homem honesto e seguia o código a risca, mas tinha o respeito de todos por dividir o prestígio de suas conquistas com sua tripulação; não havia pirata que não desejasse navegar com ele. Ele dividia, junto ao Capitão Josefan, a fama e o reinado dos sete mares.

Ao conhecer a história e a reputação do Capitão Mathios, não tive dúvidas de que aquela seria a melhor tripulação para participar e que ali estaria a minha oportunidade de ser um grande pirata.

Eu tinha um problema: era apenas um garoto e não ia ser aceito em navio nenhum, muito pelo contrário, se eu fosse pego, só me restaria a morte. Precisaria ser muito astuto para conseguir ser um pirata. Não conhecia nada de navios e, na verdade, eu não tinha nada a oferecer, que utilidade eu teria?

Foi quando decidi que aprenderia algo para utilizar como moeda de negociação junto ao capitão, então iniciei ajudando os que faziam as manutenções dos barcos, estes tinham muito trabalho, pois quando um barco ancorava no porto, tinha voltado de muitas batalhas que ocorriam durantes as pilhagens, e a grande maioria tinha muitas avarias. Não só a tripulação fazia a manutenção, mas esses homens prestavam serviços a todos os barcos que precisassem de restauração. Mesmo ajudando na manutenção dos barcos, meus olhos e minha atenção estavam sempre direcionados para a caravela do Capitão Mathios, eu precisava encontrar uma forma de participar daquela tripulação.

Ao cair da noite o porto se transformava, as prostitutas mais ricas ficavam mais aparentes nas portas dos cabarés, vestindo roupas de baixo para atrair clientes, e as mais pobres ficavam na porta de muitas tabernas, muitas delas quase nuas. Muitas se vendiam para comer e para beber até esquecer suas miseráveis vidas.

Eu pouco andava pelo cais à noite, mas dava para ver toda a movimentação do alto das sacas de trigo no armazém em que eu dormia. Lá era quente, eu ficava bem no alto para não ter que dividir as sacas com as ratazanas. Mas muitas das noites eu avistava minha mãe, em frente às tabernas. Era difícil até reconhecê-la, de tão bêbada, eu a via se oferecer, muitas vezes apanhava de alguns homens, era muito triste ver a vida de minha mãe, mas tanto o meu destino quanto o dela já estavam traçados de acordo com as escolhas que tínhamos feito.

A noite não guardava apenas o saciar dos homens com a bebida, comida e mulheres. Era à noite que as grandes negociações entre comerciantes e piratas ocorriam. Os piratas eram hábeis em identificar os barcos que tinham mais riquezas e a seletividade era devida, pois a pilhagem deveria cobrir os riscos da batalha e gerar lucro para toda a tripulação. Eles tinham como objetivo principal em suas pilhagens adquirir riquezas, como os metais preciosos (ouro e prata), e artigos raros, tais quais as especiarias como o açúcar, o índigo e o sal, comercializados no porto por indivíduos que patrocinavam algumas das pilhagens.

Era tudo muito organizado, e esses comerciantes muitas vezes eram os próprios informantes de alguns grupos de piratas. Foi ouvindo uma dessas negociações que descobri que a caravela do Capitão Mathios iria sair dali, em dois dias, após o término de algumas negociações. Ele estaria se retirando, acabara de ter uma briga com o Capitão Josefan e não queria chamar atenção. A cautela era uma das características marcantes do Capitão Mathios, que apesar da pouca idade era muito astuto e não se incomodava em recuar em determinado momento para melhor atacar depois.

Eles eram tão discretos que nem eu, que sempre estava pelo cais, sabia que o barco do Capitão Josefan estava aportado juntamente com o barco do Capitão Mathios. Outrora deviam ter trocado de barco, isso era muito comum, pois em muitas batalhas estes ficavam irrecuperáveis, além de também os trocarem para não serem reconhecidos em alto mar e/ou ao aportarem. Apesar de manterem um respeito aparente, os capitães se odiavam, não só pela reputação, mas também por suas diferenças doutrinárias. Mas o que realmente os diferenciavam era a ostentação que o Capitão Josefan tinha pela sua reputação, enquanto o Capitão Mathios tinha a ambição cautelosa pela riqueza e por tudo que ela oferecia.

Passei os dois dias seguintes observando qualquer movimentação, e observando o capitão Mathios em qualquer lugar que ele fosse, minha intenção era me encontrar com ele e solicitá-lo para participar de sua tripulação, e agora eu aprendera a fazer a manutenção dos cascos dos barcos. Eu tinha algo para lhe oferecer, e foi na última noite que provoquei um encontro, quando ele saiu de uma das tabernas do porto. Foi olhando em seus olhos, sem saber como iniciar, que disse:

– Senhor, me desculpe!

Sem muita paciência e nervoso, ele me respondeu:

– Preste mais atenção por onde anda, garoto.

Eu tinha que agir, aquela talvez fosse minha única chance de adentrar para aquela tripulação, e quando ele já ia saindo, fui atrás dele e iniciei meu discurso que tanto havia treinado. Sem muito explicar, fui direto em minha solicitação:

– Senhor, sou um grande admirador do senhor e sei que em breve partirá, gostaria muito de fazer parte de sua tripulação!

E, sem deixá-lo perguntar, já lhe respondi:

– Sei fazer manutenção nos cascos, e seria de grande utilidade para o senhor, além de não querer participar da divisão dos lucros, só quero aprender a ser um pirata!

Em seu olhar ficava clara sua irritação, e foi quando ele, me pegando pelo queixo como quem queria verificar meus dentes (um dos critérios para se escolher uma boa tripulação, pois o homem que não tinha bons dentes não se tornaria um bom tripulante – se caso houvesse dor de dente, se tornaria um empecilho para tripulação) me olhou nos olhos e disse:

– Cresça garoto, tenha idade para saber se é isso realmente que você quer, saiba que para ser pirata deve-se ser leal, que na falta de carne fresca, nos alimentamos da carne podre ou da carne de alguns escravos, você terá direitos e deveres e caso quebre uma das regras do código de conduta poderá ser condenado a levar quarenta chicotadas ou ser abandonado em uma ilha e você não poderá saciar sua luxúria em alto mar. Se realmente for isso que você deseja, quando tiver a idade certa o levarei comigo, além de ainda ser muito criança, irá me trazer má sorte, para meu barco e minha tripulação.

– Mas, senhor!
– Você não tem idade para escolher ser um pirata, garoto.

E sem me falar mais nada ele saiu, e os outros que o acompanhavam riam de mim.

Eu não sabia mais o que fazer depois de ouvir tudo aquilo, não tinha mais expectativa, voltei para o armazém e ali fiquei pensando em tudo que o Capitão Mathios tinha me dito, e me questionei o que seria pior do que a vida que eu levava naquele porto, eu não tinha nada a perder, mesmo sem saber o que poderia vir a me acontecer, voltei ao cais, e me escondi entre as mercadorias compradas e armazenadas para carregamento dos barcos, eu estava me entregando à sorte, mas com a certeza de que em breve estaria em alto mar.

Ali entre as caixas de alimentos, bebidas e animais, esperei por horas, já estava com fome e frio, mas também obstinado a me tornar um homem do mar, mesmo sem saber o que isso significaria. E foi tarde da noite, com a luz forte da lua cheia, que adentrei em um barco, entre os animais, no compartimento de cargas. Ali estava eu cumprindo com o que eu desejara.

Naquele momento eu selava a minha relação com as águas. Águas essas que me encantavam e me seduziam desde quando eu era muito pequeno, e a partir dali o meu futuro a elas pertencia.

Sem ter certeza em qual barco eu havia adentrado, já que todas as mercadorias ali ficavam para serem carregadas, fiquei junto aos animais, compartilhando com eles a lavagem, a água suja e o mau cheiro. Mas nem o meu corpo nem a minha mente me permitiam ficar ali, afinal, já havia duas semanas que o barco tinha saído do porto, e eu acreditava já estar em alto-mar, e não tinha como ser devolvido à terra. Eu teria de enfrentar as consequências.

O cozinheiro vinha constantemente buscar animais e os alimentos para preparar. Em uma dessas vezes me deixei ser visto, sem saber de onde ele veio, pois a fome era muita e naquela escuridão não dava para ver nada, só senti a pancada e logo desmaiei.

Ao despertar do desmaio, demorei a me localizar, meu corpo doía todo e eu estava todo ensanguentado, mas logo despertei com uma água suja em meu rosto e com os tapas que recebia. E o susto foi maior quando me dei conta de onde realmente estava. Eu não tive sorte; entre tantos barcos para entrar, fui logo cair na caravela do Capitão Josefan, e imediatamente me entreguei à morte e à dor, eu sabia que ele não seria tolerante perante a minha ousadia. Meu destino tinha me colocado diante do Capitão mais cruel dos setes mares.

Estávamos no convés da caravela, eu estava amarrado ao mastro principal, diante de toda a tripulação. Entre tapas e gritos o Capitão Josefan me declarava um garoto ousado e sem respeito a ele:

– Como um garoto ousa entrar em meu barco?

E com indignação ele questionava:

– Não sou mais respeitado! Quem coordenou o carregamento dos suprimentos?

E, de longe, um de seus homens respondeu.

– Eu, senhor. Mas verifiquei tudo, senhor, ele deve ter entrado junto aos animais. Só dessa maneira poderia entrar!

A cada indagação do Capitão eu recebia sua fúria por meio de chicotadas.

– Não entendo a que ponto tenho que chegar para retomar minha reputação. Matar o rei, estuprar a princesa?

Eu estava de cabeça baixa sem ter coragem para o encarar, e sem tentar justificar a minha presença, eu aguardava a minha sentença de morte, quando me espantei com as palavras do Capitão:

– Minha reputação pode ser comprometida caso alguém venha a saber deste garoto, prenda-o, depois verei o que fazer.

A vaidade do Capitão era tão grande que ele nem questionou o motivo que me fazia estar ali. A minha presença ou até passagem pelo seu barco poderia ser motivo de descrença e chacota entre os piratas, ele só pensava em sua reputação, além de não poder contar com o silêncio de sua tripulação, que depois de muitas bebidas comentariam que "o Capitão Josefan teria sido enganado por uma criança, e que, ao descobri-la, a matara". Comigo vivo seria mais fácil garantir a sua reputação.

Fui colocado em uma cela úmida, fedida, no fundo da caravela, onde não se podia respirar bem e nem a luz do sol se atrevia a passar, e lá aguardei com muita ansiedade e temor a decisão sobre o meu destino. Em meu íntimo me restava a esperança de me aceitar como um dos seus tripulantes.

Passou-se uma semana para que tivesse ciência do meu destino.

Fora uma semana de muita fome, eu estava muito fraco e já tinha me entregado. Naquele momento eu já estava optando pela morte, para que tudo aquilo tivesse um fim. Sem forças, fui arrastado até os aposentos do Capitão, que se apresentavam muito diferentes de tudo que eu já vira e conhecera dele. Com calma e pausadamente ele iniciou:

– Como você se chama, garoto?

Sem ter forças e morrendo de sede. Ele repetiu:

– Como você se chama, garoto?

E um dos seus homens me ofereceu água. Bebi com gosto de quem há muito não bebia água e respondi:

– Pedro, senhor.

– O que faz em meu barco? – Perguntou ele, me encarando em meus olhos de forma a me deixar urinar nas calças, mas mantendo sua voz macia e tranquila:

– Nunca tive intenção de entrar no seu barco, senhor!

– Se não tinha a intenção de entrar em meu barco, o que faz aqui, garoto?

Contei-lhe sobre as minhas intenções em me tornar pirata e de toda a minha trajetória e estratégia até chegar ali, de como o Capitão Mathios tinha me tratado, e deixei claro o quanto eu o respeitava e que em nenhum momento eu tivera a intenção de enfrentá-lo. Sem saber, eu tinha me salvado da morte, sem saber estimulei a rivalidade e disputa entre o Capitão Josefan e o Capitão Mathios, me tornara, naquele momento, personagem dessa eterna disputa. Afinal, o Capitão Josefan teria aceitado o garoto excluído pelo Capitão Mathios, e para os olhos do Capitão Josefan, antes lidar com a má sorte que é ter um garoto em sua embarcação, do que se rebaixar ao Capitão Mathios.

E sem me questionar mais, ele ordenou que me levassem de volta para a cela, mas agora eu seria alimentado e me dariam água para que, no futuro, eu o servisse.

Voltei para minha cela sem pronunciar uma palavra. Fiquei feliz em não ter morrido e esperançoso com a possibilidade de servi-lo no futuro. No fundo, era o que eu queria: apenas uma oportunidade. Mas me enganei com o futuro – estava mais longe do que eu imaginava.

Naquela cela eu tive muito tempo para pensar. Houve momentos em que eu me arrependi, outros em que fantasiava minhas ilusões de ser um grande pirata, refleti, questionei, mas não desisti.

Tive a oportunidade de conhecer um homem que, sem saber, faria diferença no futuro. Ele era um homem de meia-idade com uma fisionomia bem sofrida, me trouxera comida apenas uma vez. Uma única oportunidade que foi suficiente para conversarmos bastante sobre as consequências da vida na pirataria.

Era um dia frio, mais úmido do que o normal. Estávamos no mar já há alguns meses, e por muito tempo eu não ouvia muitas movimentações, a comida já estava escassa, e eu como prisioneiro sempre ficava com os restos de comida (na verdade, eles me davam o necessário para me manter vivo).

Mas aquele dia foi especial, Manuel me trouxera uma comida como há muito não comia, e junto à comida a oportunidade de pensar sobre tudo que acontecera até ali.

– Então, garoto, já desistiu da pirataria?

– Não, senhor! – respondi, quase engolindo a comida.

– Pode me chamar de Manuel, pensei que o que você já passou fosse o suficiente para desistir!

– Não – respondi orgulhoso –, em alguns momentos me pergunto por que entrei nessa, mas na verdade eu não tinha muitas opções, sei que irei superar tudo. Se eles tinham que me matar, já teriam feito.

– Não se engane, garoto, aqui ninguém é bom.

E ele continuou:

– A pirataria é uma ilusão, garoto. Todos que entram nessa vida se tornam miseráveis. A riqueza, o amor e a liberdade não existem para aquele que decide entrar nessa vida.

– Mas, senhor!

Questionei o homem, que tentava me mostrar outro lado da vida de um pirata, mas sem me deixar questioná-lo, prosseguiu:

– Para aqueles que veem piratas bebendo, rodeados de mulheres e se divertindo nos portos com os prazeres da vida, não sabem o quanto esses homens são escravos de si mesmos. São homens enganados pela sua própria vaidade e ambição. Na verdade, não deixam de ser homens infelizes, solitários, em que dinheiro nenhum não saciará suas necessidades de riqueza.

Ele me falava tudo aquilo me olhando profundamente nos olhos, eu nem conseguia continuar comendo, parei para prestar atenção naquele homem que me criticava indiretamente quando falava de minhas escolhas, quanto mais ele falava, mais eu me sentia angustiado. Cheguei ao ponto de não querer mais ouvi-lo.

– Aprenda garoto! Piratas são homens que não amam. A única companheira que passam a ter em suas vidas são as ondas do mar.

Fiquei assustado com o tom de voz com que ele me dizia aquelas palavras.

– Riqueza nenhuma será suficiente para saciar os prazeres da carne, nessa vida não há objetivos, só a ilusão de prestígio diante de outros como nós. Todos sabem que, escolhendo essa vida, deixamos para trás muitas outras possibilidades, mas a maioria está cega pelas ilusões, não consegue ver as outras escolhas que a vida lhe oferece.

Continuou.

– Depois que entramos nessa vida descobrimos que nunca estaremos satisfeitos, que morreremos cedo, que muitos não terão filhos e os que tiverem não os verão crescerem e que nunca seremos felizes. A pirataria é a liberdade que se esconde por trás da escravidão dos desejos e da ilusão de algo que nunca conquistamos, que é a felicidade.

– Mas se é tão ruim assim, por que ainda estão aqui?

Perguntei, questionando tudo que ele me falara.

– Garoto, nós não estamos nessa vida por opção, na verdade somos vítimas de nós mesmos. Uma das grandes coisas que aprendi em minha vida foi compreender o que é real e o que é ilusão.

E sem falar mais nada, saiu da minha frente como se tivesse sumido, e sem saber que eu nunca mais o veria, fiquei pensando em tudo que tínhamos conversado.

Eu nunca vira um pirata falar daquele jeito, estava admirado com tamanho conhecimento, e tudo que ele me falou foi motivo de muitos questionamentos, mas sem chegar a conclusão alguma. O que eu faria? Não tinha mais como sair daquele barco, além do meu destino ser incerto, não sabia o que seria de mim, mesmo acreditando que eles não me matariam, mas em minha situação poderia haver algo pior que a dor.

Passei por um logo tempo naquela situação, sem ver a luz do sol, me alimentando de restos e, principalmente, sem entender o que um garoto como eu ainda fazia como prisioneiro daquele barco.

Durante esse tempo, aprendi e refleti sobre muitas coisas. Refleti sobre as minhas escolhas, aprendi a respeitar o mar em sua calmaria e em sua fúria, deixei de temer as batalhas e a respeitar o Capitão, pois, apesar de ser apenas um prisioneiro, tanto tempo já se passara que já fizera parte daquele barco, eu já pertencia a ele e ele a mim, e como Manuel me falara, eu não tinha mais escolha, minha decisão já tinha sido tomada quando entrei na caravela.

Quando completei 10 anos, fui chamado pelo Capitão, tínhamos passado por uma grande batalha há pouco, e pelo que ouvira de minha cela, era claro que muitos haviam morrido. Fiquei feliz, pois meu desejo se realizara, eu já não era mais tão menino assim, já podia ter alguma utilidade. E com muita esperança de me tornar um pirata, fui a seu encontro.

Sair daquela cela úmida e fedida foi um choque para meu corpo, que doía como se tivesse apanhado, meus olhos não conseguiam se abrir, pois há muito não via o sol que queimava, e minha pele sentia aquele calor como brasa.

Em seus aposentos o Capitão Josefan olhou para mim e me perguntou:

— Gostou da vida de pirata, garoto?

Mal ele sabia o que mais me afligira durante as noites, em todas as doenças que superei, na solidão que senti, além da raiva que latejava em meu peito. E sem me atingir com suas palavras, pois nada poderia ser pior, respondi:

– Pois não, senhor, o que muda se já aprendi ou não, uma coisa eu já sei, não tenho escolha, estou aqui a sua disposição.

Era nítido o seu espanto com a minha resposta.

– Em nossa próxima parada que será daqui a três dias, poderá trocar de roupa e tomar um banho. Agora quero que se alimente e se recupere, preciso que você se restabeleça rapidamente. Vou pedir para que os homens lhe sirvam o que lhe for necessário.

Fiquei contente com o que acabara de ouvir, meu destino estava mudando, e com um olhar que fazia ficar com o estômago virado, ele continuou:

– Nem tente fugir, lhe garanto que, se tentar, não viverá para contar a história. Não quer saber, garoto, por que faço isso, e por que lhe mantive vivo até agora?

– Por quê, senhor?

Respondi sem entender onde ele queria chegar com aquela conversa, mas também muito curioso para entender o meu destino.

– Quando você foi encontrado em meu barco, em um primeiro momento, não quis me expor diante da tripulação e nem quis enfurecer aqueles que nos guardam com a morte de uma criança. Mas logo que aportamos, a prostituta da sua mãe veio me procurar; eu já a conhecia de outras ocasiões – ele me contava com um sorriso nos lábios –, mas dessa vez ela veio oferecer seus serviços gratuitamente para que eu o mantivesse vivo. Porém, há pouco ela veio a falecer de tanta bebida que consumira, e não terá mais como pagar a sua permanência neste barco. Agora você me servirá como pagamento.

Escutei as palavras do Capitão Josefan como uma faca que entrava em meu peito por várias vezes. Minha mãe, a qual eu nunca dera atenção, fez o que fez por mim. E eu, o que eu fizera da minha vida? Perguntei-me.

– Franz, leve-o daqui. Mostre-o onde deve ficar, cuide para que ele se recupere e, quando estiver bem, me avise e traga-o até mim. E saia logo, nem os porcos mais velhos cheiram tão mal quanto esse garoto.

– Sim, senhor – respondeu o tripulante.

Eu não tinha condições de andar, fui arrastado até uma pequena sala onde ficavam os homens feridos para cuidados médicos. Antes de chegar à sala, passei por vários tripulantes que comentavam e perguntavam entre si.

– Olha só quem saiu da cela!

– Vamos tê-lo como companheiro de tripulação ou servo?

– Como ele cresceu, não sabia que a prisão fazia tão bem para o crescimento.

Escolhi o lugar mais escuro da sala, não conseguia me manter na claridade, meus olhos e meu corpo doíam demais. Logo me trouxeram água fresca e um pão velho. Saciei a minha fome de anos, eu não me lembrava de como a água podia ser tão refrescante e o pão velho tão saboroso.

Mas mesmo saindo daquela cela, continuava aflito com o que estava para ocorrer, e tudo que o Capitão me contara sobre minha mãe só aumentava a culpa que eu sentia a cada momento que eu pensava no que tinha acontecido.

Ali fiquei pelos três dias que se seguiram. E tive a oportunidade de observar tudo e todos, muitos ali eu conhecia de vista, pois sempre tinham algo a fazer no convés, mas não podiam falar comigo, o único que fez isso foi Manuel, que procurei por todo barco e não o encontrei, talvez tivesse morrido em uma das batalhas.

Pude conhecer de perto como funcionava o barco, o posicionamento de cada tripulante e como se organizavam em turnos para manter tudo em perfeita ordem. Todos ali sabiam suas funções e ninguém precisaria ficar falando o que tinha que ser feito. Estava claro que todos respeitavam e temiam o código, não se tinha dúvidas de que, diante de uma infração, o código seria respeitado. O código tinha um papel muito importante na manutenção da ordem e no respeito a todos.

Mas aqueles três dias foram os mais longos de minha vida. Eu estava ansioso para colocar meus pés em terra firme novamente, nem me lembrava mais da sensação. Aproveitava aqueles dias para me acostumar com o sol em meus olhos e em minha pele, me mantive quieto por todo o tempo. Até que o dia tão esperado chegou.

Tive sorte, aportamos ao anoitecer, desci em terra firme sentindo o balanço do mar em meus pés, como se tivesse entrado pela primeira vez em um barco, sem poder controlar minha emoção; e as lembranças de minha mãe me fizeram chorar como criança, senti náusea e um pouco de tontura, mas mesmo não me sentindo bem, tive de prosseguir junto aos dois tripulantes que me acompanhavam. Naquele momento, descobri o quanto minha decisão tinha mudado o que eu era.

Como solicitado pelo Capitão Josefan, me alimentei como nunca tinha me alimentado em minha vida, e providenciaram um banho e roupas limpas. Andei um pouco pelo porto, junto com os tripulantes, que logo me levaram de volta ao barco para que pudessem saciar sua fome e sua luxúria. Eu fiquei em seus aposentos esperando o Capitão que me orientaria sobre as minhas novas funções.

Logo pela manhã ele retornou e me encontrou a sua espera.

– Como está, garoto? Vejo que melhor do que antes, mas o seu mau cheiro ainda dá para sentir daqui.

Com frio na barriga e a garganta seca, comecei a ouvir o que cabia à minha função.

– Você será meu servo pessoal, não servirá ninguém além de mim, você deve dormir perto dos meus aposentos e me atenderá quando solicitado, deverá recolher meus excrementos pela manhã e me acompanhar pelo barco, me servindo o que beber e o que comer. Não quero ouvir sua voz, caso aconteça, tenha certeza que cortarei sua língua. Entendido?

– Sim, senhor.

Eu podia me considerar um garoto de sorte, muitos que exerciam essa função não eram avisados sobre os riscos de perder a língua quando eram intitulados servos diretos do Capitão, era a primeira providência a ser tomada, pois aquele homem muito sabia e nada podia dizer. Para muitos, aquela seria uma grande oportunidade, mas, para mim não, um garoto de apenas 10 anos. A falta de experiência me faria perder aquela oportunidade, afinal, se eu fosse mais esperto, não estaria recolhendo excrementos do Capitão.

Toda aquela situação me fez lembrar de tudo que eu fiz para entrar no barco. Lembrei-me de quando fui pego e, sem muito tato, falei do Capitão Mathios e de como ele tinha me recusado em seu barco e de como eu entrara na caravela do Capitão Josefan sem saber. Depois de algum tempo, vim a descobrir que havia um segundo motivo para que ele me mantivesse vivo: pelos portos percorriam a informação de que o Capitão Josefan mantinha uma criança presa por anos – nada melhor para reforçar sua imagem de homem impetuoso e cruel.

Eu aproveitei minha posição e me mantinha quieto e submisso por todo tempo. Aquela seria a melhor forma de aprender e também de me manter vivo. Com o decorrer do tempo, fui me tornando confiável aos olhos do Capitão, mantendo sempre a mesma postura: eu não conversava com a tripulação, me mantinha distante de todos e não interferia em nada, nem quando me era solicitado.

CAPÍTULO 2

A morte

Aos 13 anos, fui presenteado com uma adaga sem fio, por conta da postura e lealdade que tinha adquirido durante todo aquele tempo. Ela significava a confiança que o capitão tinha em mim e, junto com ela, vinha a minha esperança de deixar de ser servo e me tornar um tripulante. Além da adaga, eu também passei a receber esporadicamente algumas moedas de ouro, que eu gastava como todo pirata: comida, bebida e mulheres. Descobri como era bom satisfazer os desejos da carne, tão escassos quando estávamos em alto-mar.

Durante todos os anos que servi o Capitão, ele nunca me permitiu participar de nenhum saque ou batalha. Sempre que se preparavam para uma, logo me recolhiam em uma sala pequena e escura, sob a proteção do Capitão. Nunca havia visto uma batalha, só tinha conhecimento das estratégias de ataque e defesa.

No início, eu fiquei com medo e assustado com tamanha violência e crueldade, aqueles homens não eram apenas cruéis e gananciosos, tinham em si uma maldade que praticavam por pura diversão.

Quando os inimigos eram capturados, um a um era morto com o decorrer do tempo; as mortes variavam de acordo com as necessidades da tripulação, quando não havia falta de alimento, muitos eram mortos em jogos, em que os homens eram presos à beira do mar para servir de alimento para peixes carnívoros, como os tubarões. Os mais saudáveis sempre eram mantidos em cativeiro e eram muito bem alimentados, poupando-os de qualquer falta de higiene, pois, no futuro, quando faltassem animais para fornecer carne, esses inimigos seriam utilizados como alimento. Na pirataria existia lealdade, mas acima de tudo, sobrevivência.

Passei a participar daquela realidade, deixe de sentir medo e de me assustar, aquilo começou a fazer parte de mim, o meu senso crítico já tinha ficado em meu passado, a cada dia que passava eu me tornava cada vez mais escravo das minhas ilusões e da ganância que satisfaziam minhas necessidades carnais.

Meu envolvimento com a pirataria era tanto que comecei a ser designado, pelo Capitão, para tarefas mais importantes. Com a minha pouca idade eu começava a ser utilizado como espião, pois não aparentava ser um pirata quando aportávamos. Eu me escondia nos becos onde ocorriam as negociações comerciais e ouvia os itinerários e localização de barcos comerciais da corte, sempre prestava muita atenção nos grupos de corsários para evitarmos confrontos ou para criar estratégias para combatê-los. Os corsários eram piratas patrocinados pela família real, suas pilhagens eram autorizadas para navios de outras nações, aproveitando a alta transação comercial de materiais de riqueza que ocorriam na época.

Como espião, me tornei uma peça importante na estratégia do Capitão Josefan. Mas, conforme o tempo passava, eu fui perdendo minhas características de menino e logo eu não poderia mais ser utilizado para tal tarefa, isso me preocupava, pois, se não desse mais para espionar, o que seria de mim, apenas um servo que recolhe excrementos?

Decidi a aprender outras coisas: uma delas era utilizar as armas, tanto as espadas como as de fogo. Era rotineiro ver a tripulação limpando suas armas, fazia parte de uma das cláusulas do código: todos os homens tinham de manter as suas peças, pistolas e armas limpas e prontas para batalha, caso isso não ocorresse, o homem que não tivesse sua arma limpa para batalha poderia sofrer castigos como a morte ou até abandono em ilha deserta.

Nunca treinava na frente de ninguém, meu relacionamento no barco era muito limitado, eu falava apenas com o Capitão ou seus imediatos (quando era chamando), do contrário, nunca falava com ninguém, mas sempre observava muito e, durante a noite, quando eu era dispensado, utilizava de minha imaginação e de minha adaga sem fio e treinava muito, tendo a esperança de participar das pilhagens.

Mas o tempo passava e nada acontecia comigo, eu continuava ali recolhendo os excrementos do Capitão. Eu tentava encontrar o melhor momento para conversar com ele, mas os anos se passaram e eu já tinha 15 anos; sem perceber, já passara sete anos dentro daquele barco. Meu rosto já apresentava características da adolescência, eu já não estava sendo mais utilizado para espionar; minha ansiedade aumentava cada vez mais: eu queria ser um pirata.

Foi quando, um dia, ouvindo uma das orientações do Capitão, encontrei uma oportunidade de perguntar como ficaria minha situação em seu barco.

– Senhor?

Perguntei, e olhando com espanto para mim respondeu.

– O quê, garoto?

– Quando deixarei de ser servo para me tornar parte da tripulação?

Como em um ato impensado, ele jogou em mim o prato que estava em sua mão e me respondeu, olhando com raiva em meus olhos:

– Nunca! Você irá ser meu servo, garoto, até que chegue o meu fim!

Decepcionado com a situação, pedi licença e sai correndo, me escondi no convés e mergulhei em meus pensamentos. Briguei comigo, me questionei a respeito do que eu tinha feito da minha vida e de tudo o que eu tinha passado nos últimos anos. Isso só fez aumentar a minha raiva, o meu rancor e a vontade de mudar minha condição, nem que isso custasse minha vida: antes estar morto do que estar naquela vida, não aguentava mais.

Em uma noite de lua cheia, tive um pressentimento estranho de que algo estava por acontecer, que algo ocorreria para mudar a minha vida. Era tarde da noite, já havia ocorrido a troca de turno e as lamparinas e velas já tinham sido apagadas. Nesse momento, ouvimos barulhos estranhos, como se estivéssemos sendo atacados de surpresa, porém, há muito não acontecia de sermos atacados. Muitos temiam o Capitão Josefan, e eu que estava sempre em sua companhia, não tinha ciência de nenhum ataque para aquele dia. Todos estavam correndo de um lado para o outro, organizando-se para a defesa. A correria era tanta que se esqueceram de me guardar, como de costume (sempre que havia batalhas, por orientação do

Capitão, eu era trancado em uma dispensa perto do convés para não ser visto e para que não participasse da batalha), mas eu me mantive quieto, ouvindo e observando os passos e a organização da tripulação; naquele momento, se eu não tinha como ajudar por falta de experiência, também não podia atrapalhar a movimentação e a organização da tripulação.

Entretanto, eu tinha certa experiência para identificar o tipo de batalha, pois todos aqueles anos eu passara ouvindo-as, mas era a primeira vez que eu via uma tão de perto, e com o tempo aprendi a identificar o tipo de batalha, o tipo de embarcação e as armas utilizadas. Como eu pressentia como ia ser o ataque, dava até para prever quando a batalha estava para terminar, por conta das posições assumidas e pelas ordens dadas. Tudo era muito complexo; tivemos muitas batalhas, mas aquela era diferente, eu me sentia sendo atacado por nós mesmos.

O ataque estava muito ofensivo, os tripulantes estavam mais agitados do que o de costume e o medo estava rondando a nossa tripulação: dava para perceber pela forma como se comunicavam, era como se a vitória estivesse nos abandonando. Fiquei ali, olhando tudo pela fresta da porta, esperando o melhor momento para enfrentar a batalha, afinal, aquela poderia ser a última chance que eu teria para mostrar o pirata que eu me tornara, mas que o Capitão Josefan não valorizava.

A batalha já durava por volta de quatro horas e ainda estava muito ofensiva, eu me sentia apreensivo e o meu despreparo era nítido, pois há muito já precisavam de mim e eu não tinha permissão para sair. Os canhões já deviam ter destruído muito os barcos, de tanto que já tinham sido utilizados. Quando eu olhava pela fresta, via milhares de corpos jogados no convés, não tinha o que temer, aquele era o momento que eu esperava há tanto tempo. Coloquei minha adaga sem fio em punho e saí para me tornar um pirata, mas o que eu encontrei foi a situação que mudaria minha vida.

Logo descobri que era o Capitão Mathios que nos atacara, e, naquele momento, os dois Capitães estavam se enfrentando em uma batalha a qual todos que viam sabiam que só sobraria um. Aquela não era uma batalha em que um escravizaria o outro, aquela batalha era muito mais que uma luta por riqueza, era uma batalha de prestígio.

Eu me choquei ao ver os dois duelando até a morte, e foi com a rapidez de um raio que me lembrei de tudo: das palavras do Capitão Mathios, quando ele me recusou em sua tripulação, da orientação que me deu para que eu esperasse para decidir quando eu tivesse mais idade e pudesse avaliar melhor os riscos e a vida que eu escolheria, mas eu não tive paciência e logo me joguei naquela vida. E como castigo fui cair nas mãos do mais cruel dos Capitães.

Eu estava estático, como se minha alma tivesse revendo todos aqueles acontecimentos fora de meu corpo, eu estava fora de mim, a raiva tomara conta do meu corpo e da minha mente. E, com um reflexo, me aproximei dos dois Capitães com minha adaga em punho, ataquei o capitão Josefan pelas costas, o ataquei por diversas vezes, não tinha noção do que estava fazendo, a cada apunhalada que lhe dava eu descontava a fome, o frio, a raiva, a servidão e a humilhação que passara durante todos aqueles anos. Quando cansei, ele já estava todo ferido e eu acordara perplexo com o que acabara de fazer. O Capitão estava agonizando em meus pés, minhas mãos estavam ensanguentadas, foi quando ele me puxou e, com o último suspiro de sua miserável vida, me disse:

– Por que fizeste isso comigo, meu filho? Eu só quis te proteger, não deixei que se tornasse um pirata. Sua mãe tinha razão, eu nunca poderia ser pai.

– Como assim?!

Mas ele não pôde me responder, já estava morto.

Nesse momento o Capitão Mathios colocou a mão em meu ombro e me disse:

– Garoto, ele era teu pai; todos sabiam! Sua mãe contou a ele antes de morrer.

Eu, ainda paralisado, sem responder por mim, olhei para o Capitão Mathios, que me observava surpreso com o que acabara de presenciar, me dei conta de que o Capitão Josefan realmente me protegera por todos aqueles anos, sempre estive perto dele, ele nunca me deixara fazer nada que não fosse para ele ou que me colocasse em risco e, talvez, ele não tivesse me mantido vivo para garantir uma reputação de crueldade e, sim, ele expôs sua reputação para me proteger, ele evitara que eu me tornasse um pirata.

– O que fiz! – gritava eu, sem consolo, não entendendo o que tinha feito e vendo como tinha sido cego por todo aquele tempo; mas a minha raiva era maior e, ao ver o Capitão Mathios me consolando como se ele soubesse o que eu tinha passado, minha raiva aumentava.

Em outra descarga de raiva, sem pensar no que ia fazer, peguei a espada de meu pai, passei entre os meus braços e enfiei no peito do Capitão Mathios. E foi olhando em seus olhos que honrei a morte de meu pai, ele não seria o maior Capitão dos sete mares.

Sentei no chão entre os corpos dos dois Capitães e, ao ver aqueles homens mortos diante de mim, vi um garoto que só queria ser alguma coisa na vida e fazer parte de um grupo que admirava, tornar-se um garoto sujo com o sangue dos homens mais temidos daqueles tempos.

Meio atordoado e sem reação nenhuma, me coloquei para fora do campo de batalha, voltei para meu esconderijo e ali retornei no tempo, me tornando aquele garoto de 8 anos que não fazia ideia do que era viver tudo aquilo e, em minhas lembranças, também me escondi, só que agora eu me escondia de mim mesmo. Mas eu não conseguia. A ideia de ter matado meu próprio pai não me deixava nem um pouco confortável, me lembrei de muitas coisas.

Como Manuel tinha razão! Eu estava cego, não consegui ver o que estava em minha frente. Era claro que meu pai não me deixara na mão; eu participava das estratégias de ataque como um aprendiz e não como um servo, como ele dizia, ele também não podia me dar um posto ou até me assumir diante de todos, isso iria contra o código, ele fez o que pôde e eu o matei. A ilusão tinha me envenenado e agora eu estava a provar verdadeiramente o sabor da ilusão e da falta de razão, era um preço muito alto que se pagava. Nem a riqueza, nem a luxúria e muito menos o prestígio valiam a pena.

Eu tinha me tornado o garoto que matara os mais temidos Capitães daqueles tempos, não tinha como mudar isso, e nem que eu quisesse, agora a minha única opção era me entregar ao meu destino e conviver com a ideia de ter matado os dois homens que mais me ajudaram durante a minha vida, cada um de sua maneira.

Então decidi sair, há muito não ouvia nenhum sinal de batalha. Ao sair, me deparei como todos aqueles homens recolhendo seus companheiros e, em ambos os barcos, não havia mais conflito, os barcos já tinham sido assumidos pelos sucessores, e eu fiquei observando tudo de baixo da escada do convés. Dali, os via sepultarem cada tripulante morto, eles enrolavam os corpos em sacas de trigo, junto com pedras ou qualquer coisa que os afundassem, e jogavam ao mar. Os corpos eram amarrados com as antigas cordas dos barcos, isso era um sinal de respeito e gratidão àquele tripulante por ter defendido com a sua vida aquele barco e sua tripulação.

Era estranho ver barcos inimigos se ajudando, mas, na verdade, não era de interesse dos sucessores manterem a batalha. Primeiro porque aquela batalha não era deles, e sim dos Capitães Josefan e Mathios; além do mais, os barcos estavam muito danificados. Não era do interesse de nenhum dos dois novos Capitães perderem seus barcos, a única coisa que aqueles homens queriam naquele momento era me encontrar, pois estavam me procurando por todo o barco, mas, o que iam querer comigo?

O respeito hierárquico era muito grande e como o código também era seguido sem questionamentos, a tripulação iria eleger um novo Capitão que provavelmente seria o sucessor, mas a prioridade naquele momento seria levar o barco até o porto para fazer reparos, pois do jeito que estava ele não aguentaria muito tempo no mar. Mas, antes de tudo, eu estava sendo procurado por todo o barco, e, como eu não tinha como escapar, decidi me entregar e logo descobri o que estava reservado para mim. Caminhei até o meio do convés do barco do Capitão Josefan, e gritei:

– Estou aqui! Podem parar de procurar.

Muitos se assustaram, pois nunca tinham ouvido a minha voz.

– Não sei o que querem de mim, mas estou aqui.

Sem pronunciarem uma palavra, fui levado novamente para a minha antiga cela, eu ainda estava desorientado diante dos acontecimentos e nem conseguia reagir diante de qualquer que fosse a violência a mim cometida.

Desde então, fiquei ali amarrado por dois dias, sem comer nem beber nada, tudo estava muito quieto, menos o meu pensamento, que não me deixaria nunca mais em paz. Perguntei-me por várias vezes, procurando encontrar a resposta do que tinha feito com minha vida. Depois de dois longos dias pensando, fui retirado da cela para ser levado até a tripulação, e, de tão fraco, fui amarrado no mastro principal do barco, quando os dois novos Capitães vieram informar a minha sentença.

– Quem você pensa que é, garoto? – disse Píer, o sucessor de Mathios

– O que você pensava que conseguiria matando os nossos Capitães? – completou Klaus, o sucessor de Mathios, que continuou:

– Quem diria, hein, garoto, todos nós sabíamos que você era o protegido dele, mas não sabíamos o porquê.

Permiti-me ficar quieto, não era o momento de argumentar nada, além disso, eles não aparentavam saber que eu era o filho de Josefan e, caso viessem a saber, a minha situação poderia piorar.

– Então, Pedro, quais são seu planos agora? Não se pode negar que você foi muito astuto, enganou a todos, nenhum de nós poderia imaginar tal traição de um garoto como você. – disse Klaus, que deixava claro, com seu tom de voz e sua feição, certo respeito e admiração. Ele ainda proferiu:

– Ser conhecido como aquele que matou os dois homens mais temidos e respeitados dos sete mares é tudo que um novato como você poderia querer.

Com uma breve parada, me olhando no fundo dos olhos (e eu sem desviar o olhar), continuou ele:

– Mas, infelizmente, você não poderá desfrutar da sua proeza, nenhum de nós aqui batalhou tanto e arriscou suas vidas para te entregarmos tudo fácil assim, estamos nesta vida há muito tempo e devemos receber algo por isso. Tudo que temos hoje foi a base de muita luta, sangue e privações, muitos aqui foram amputados, outros não sobreviveram à peste negra e nem às batalhas, você não irá tomar conta de tudo, garoto.

Cada palavra pronunciada por Klaus era reforçada pelos gritos de aceitação da tripulação que demonstrava, com suas armas em punho, sua indignação; porém, eles não sabiam que eu não fizera nada de forma premeditada e que, na verdade, eu nunca tive a intenção de assumir o posto de nenhum dos Capitães. Não tinha como argumentar, então me mantive quieto, não tinha como explicar o que ocorrera.

Píer, com raiva e indignação, levantou o braço e me deu um tapa com toda a sua força, chegando a machucar minha boca. E com mais raiva, berrava:

– Não tente nos comover, garoto. Somos piratas e não temos dó! O que você pretendia fazer depois de matá-los? Como guiaria os dois barcos? Sequer ouvimos a sua voz durante anos, como nos lideraria? Você não pensou em como poderíamos reagir diante dos acontecimentos? Não somos garotos como você, somos homens vividos e já superamos muitas coisas, não será um garoto como você que irá nos liderar.

– Além do mais, você está esquecendo-se do código, o Capitão deve ser eleito, ninguém esta aqui à força. – completou Klaus.

Eu me mantive quieto, não tinha o que dizer. Píer continuou:

– Você não se tornará nenhuma lenda, não se falará de você, criaremos nossa própria história. Vamos aportar, pois as avarias são muitas nos barcos e vamos continuar nossas vidas, lutaremos para mantermos nossa reputação, ou até criaremos uma nova.

Com a aprovação de todos que gritavam e aplaudiam suas palavras, ele sentenciou:

– A sua sorte e a sua vida terminam aqui, você era um bom servo, mas nos traiu e queremos vingar nosso Capitão, e assim destruiremos a lenda do garoto que matou os dois homens mais temidos dos setes mares. Espero que tenha sorte e enfrente os tubarões que logo acabarão com a sua vida, ou você terá de enfrentar o mar que não é piedoso com traidores como você.

Senti a urina escorrer por entre as pernas, não havia nada pior do que ficar a critério do mar. Logo pensei que eles poderiam me jogar em uma ilha deserta, mas morrer de sede também seria rápido, ou poderiam me matar, para a satisfação de todos. Mas não, eu teria de enfrentar o mar. Não questionei, não adiantaria, qualquer que fossem minhas palavras, não mudariam minha sentença, me concentrei e esperei para ver como seria. Eu tinha chegado perto da morte muitas vezes, pensei que quando ela chegasse pudesse ser mais fácil enfrentá-la do que estava sendo.

Os piratas não seguiam nenhuma religião, sua relação era apenas com as forças do mar, e ali se estabelecia uma relação de respeito e parceria. Logo me concentrei e pedi a essas forças para que morresse rapidamente, pois não queria agonizar em desespero, como já havia presenciado acontecer com muitos homens.

Voltei à cela enquanto eles terminavam de entregar os corpos, não havia nenhuma cerimônia fúnebre, a relação com a morte era respeitosa, mas também muito rápida, pois culturalmente não se pensava e nem se falava em morte, visto que ela era para os fracos. A expectativa de vida para um pirata era baixa, a maioria não chegava à meia-idade, as batalhas eram constantes, os mais fortes sempre venciam, não tinham por que pensar na morte, apenas evitá-la ao máximo para obter cada vez mais prestígio e realizar suas conquistas.

Para mim não seria diferente, pois minha morte já estava marcada. Eu tinha muito medo e me questionei sobre a minha coragem e também sobre o que eu aprendera com aqueles homens que não temiam nada. Estava apavorado, imaginando o que eu podia fazer para que tudo aquilo terminasse logo.

De repente, dois homens que eu não conhecia vieram me pegar, eu me debatia com o intuito de me soltar e evitar a morte, mas ao chegar ao convés me assustei mais ainda: todos aguardavam para ver a minha morte. Só não entendia por que tanta atenção dada para um garoto como eu, mas dava para ver em seus olhares que na, verdade, eu teria me tornado uma grande ameaça quando matei o Capitão Josefan e o Capitão Mathios.

Diferente do silêncio em respeito aos mortos, o que se ouvia eram ambas as tripulações pedindo a minha execução, uns queriam minha morte por vingança, outros queriam porque me viam como um empecilho. Ali, cada um tinha seu motivo e contaria a sua versão da história, mas ninguém conhecia os meus motivos e muito menos conhecia a minha história.

Sem direito de defesa, fui envolvido em um velho saco de trigo dos pés à cabeça e, dentro do saco, foram colocadas pedras como se eu estivesse morto. Ao me amarrar, Klaus se aproximou de mim, mas falando a todos:

— Segue aqui o exemplo para aqueles que quiserem nos trair e desrespeitar o código. Além disso, vamos honrar a morte de nossos Capitães que, apesar da rivalidade, nos uniu neste momento de vingança.

Píer proferiu, mas agora falando a mim:

— Você, Pedro, será amarrado com estas cordas que pertencem aos dois barcos, só que não te conferem respeito ao trabalho exercido. Elas representam a derrota e a perda do comando das duas melhores tripulações.

Sem aguentar mais os dizeres de ambos a respeito dos reais motivos que me fizeram matar o Capitão Josefan e o Capitão Mathios, gritei a todos:

— Nunca quis ser Capitão desse navio!

Como eu já previa, minhas palavras mal foram ouvidas. Com o desprezo que se dava aos traidores, fui colocado na prancha do barco para ser jogado ao mar; a tripulação não evitava mostrar a satisfação que sentia em me ver morrer ao mar.

Antes de cair, juntei em meu peito a maior quantidade de ar que podia e, sem ver nada, senti a ponta de uma espada me empurrar para a ponta da prancha, eu, devagar, tentava acertar meus pés naquela tábua tão estreita como se aquilo fosse evitar a minha morte, até que a prancha me faltou e eu caí.

Ao sentir a água, me debati muito para me soltar daquelas amarras, fui afundado muito rápido, pois as pedras utilizadas eram muito pesadas. Esforcei-me até que consegui ficar com o meu rosto de fora, mas sem conseguir me desamarrar. Eu me via afundar com rapidez, até que bati em uma pedra no fundo do mar e apaguei.

Acordei sentindo a água em meu rosto. O desespero e a vontade de me soltar eram enormes. Em um determinado momento, vi ao me lado vários corpos e, naquele instante, utilizei todas as minhas últimas forças para me livrar das amarras, mas não conseguia. Logo foi se aproximando um cardume de peixes que violentamente mordiam meu rosto exposto, e eu voltei a me debater para me livrar daquele cardume que não parava de me morder.

A dor era terrível, e, como o meu sangue vertera na água, atraía mais peixes, que me atacavam sem piedade. Os machucados em contato com a água do mar só intensificavam a dor que eu sentia.

Sem saber o que fazer e com o meu rosto já todo deformado, implorei pela morte, nada poderia ser pior do que o que eu estava passando, por que eu demorava tanto a morrer? Mas o meu desespero não passava. Finalmente, eu desisti de lutar pela vida e me entreguei à morte, só que ela não vinha e eu só sentia o pouco de ar que me restava em meu peito. Ao ver que nada mudaria meu desespero, eu voltava a me debater, na esperança de me soltar e poder nadar rapidamente até a superfície.

Observei que os corpos que estavam ao meu lado estavam se desfazendo e, junto deles, as amarras das pedras que os mantinham no fundo do mar. Se minha amarra se afrouxasse eu logo submergiria, pois de onde eu estava dava para ver a luz do sol que se apagava rapidamente por várias vezes.

Em um momento em que a correnteza estava muito forte, consegui me livrar das amarras e, assim que percebi, nadei rapidamente para a superfície. Mesmo vendo ossos em meu saco, não dei atenção e nadei em direção à superfície, mas eu não consegui chegar a ela, parecia estar mais longe do que imaginava, e o cansaço era muito, mas a vontade de respirar era maior; então me esforcei muito e nadei com as minhas últimas forças. A sensação da água entrando em meu peito aumentava a cada braçada que eu dava em direção à superfície.

Nadei muito, até que senti meu braço sair da água e, com alívio, respirei profundamente; muito cansado, lutei contra a correnteza que me puxava novamente para dentro da água, porém, consegui chegar à praia. Sem forças, me deitei na areia quente da praia e ali fiquei até me recompor. Estava feliz comigo mesmo: tinha vencido as forças do mar. O choro fora inevitável e, sem uma ordem lógica, minhas lembranças vinham em pensamentos como se quisessem me dizer que o pior já tinha passado.

CAPÍTULO 3

A senhora

Depois de me recompor, levantei e comecei a andar procurando alguém que pudesse me ajudar, pois eu estava muito fraco. De longe, avistei uma linda mulher de cabelos cacheados e um olhar provocante, que nada vestia para cobrir o seu corpo. Fiquei deslumbrado, afinal, nunca tinha visto um corpo feminino tão perfeito. Com muita pressa em receber ajuda, logo me aproximei dela e, com o desespero de ter acabado de lutar contra o mar, me joguei aos pés dela e implorei por ajuda.

– Por favor, preciso de ajuda!

Com um olhar curioso, todavia sem preocupação, e com um riso disfarçado que transformou-se em gargalhada, ela me disse:

– Faz tempo que ninguém me pede ajuda assim tão desesperado.

E repeti, na busca desesperada por ajuda e amparo:

– Por favor, me ajude, faço qualquer coisa, mas preciso de ajuda.

E mais uma vez ela gargalhou. Sua gargalhada era tão alta que dava para ouvir de longe.

– Qualquer coisa? – questionou-me olhando em meus olhos.

– Sim, se a Senhora precisar, posso servi-la por um tempo.

– Está bem, então temos um acordo? – perguntou ela se aproximando de mim.

– Sim, temos! Dou-te a minha palavra.

– Então está bem, eu lhe ajudo te respondendo o que você quiser e você me serve.

– Isso!

– Então me acompanhe.

Eu a acompanhei e fomos caminhando pela praia, o dia já estava chegando ao fim e sentia o calor do sol que se punha aquecendo-me dolorosamente o corpo.

– Vou lhe responder o que você quer saber – disse-me ela.

Olhando-me nos olhos como se soubesse tudo sobre mim e com uma cigarrilha na mão que fumava elegantemente, eu lhe perguntei:

– Onde estamos?

Ela respondeu:

– Primeiro, você deve saber o que lhe aconteceu, além disso estamos na praia, como você pode ver.

– Sim, sei o que aconteceu! – respondi, arrogantemente.

– Sabe? – questionou ela com ar de quem se divertia com a situação.

– Sei, eu era servo de um navio pirata e fui morto por um equívoco dos novos capitães. Caí no mar, consegui me soltar e nadei até aqui.

Não pude contar-lhe a verdade, não sabia ainda onde estava. E com uma bela gargalhada ela me respondeu.

– Não minta para mim, sei quem é e o que fez.

Minhas indignações e minha incompreensão me paralisaram diante daquela bela mulher, mas não deixei de questionar:

– Como a Senhora sabe?

– Simplesmente sei, e a primeira coisa que você precisa saber é que está morto!

– Como assim morto? – questionei-a achando graça no que acabara de afirmar. Como havia desejado a morte e ela não veio...
– A Senhora deve estar enganada!

– Olhe para você e me relate o que está vendo.

Com cautela comecei a me observar. E me assustava ao olhar para cada parte de meu corpo. Eu tinha o corpo em pedaços, metade era carne podre com uma fina pele que a segurava e outra parte era apenas ossos. Diante do que eu estava vendo me questionava apenas como conseguiria estar vivo naquele estado. Depois, não tinha palavras para expressar o que eu estava vendo.

– Não entendo, como posso estar vivo com o meu corpo neste estado?

– Você não está vivo e aceite isso, pois não tenho muito tempo.

Sem querer ficar sozinho novamente, preferi não questionar mais sobre estar vivo.

– O que me aconteceu?

– Você ficou preso ao fundo do mar por mais de 12 anos depois de morrer afogado, como uma sentença, até que justa.

– E como eu sobrevivi depois de ficar no fundo do mar por mais de 12 anos?

– Seu corpo não resistiu, mas seu espírito sim, e saiba que você deve ter seus méritos ou é muito resistente às forças do mar, pois muitos não suportam nem em espírito. E saiba que eu estava o aguardando.

– Mas como, de onde me conhece?

– Não conheço, só fico à beira do mar para recrutar espíritos como você.

Tenho muitos informantes lá, e eles me disseram que você era muito resistente, quando se soltou, logo fiquei a sua espera para conhecê-lo.

– Me desculpe, sei que a Senhora não tem muito tempo, mas não estou entendendo.

Ela me olhou com um ar de irritação, mas me respondeu logo:

– Todos nós fomos criados como espíritos, a carne é uma fase passageira em nossa vida, que é eterna. Sem a carne você é apenas espírito. Sua carne morreu, não suportou as ações das águas, mas você em espírito resistiu. Compreendeu?

Não quis mais questioná-la sobre isso.

– E por que me esperava?

– Para que você trabalhe para mim, mas nem precisei convencê-lo disso, você me deu a sua palavra, e me servirá até que eu queira.

– Mas, Senhora!

Interrompi sua fala e ela logo me cortou novamente:

– Você me deu sua palavra e terá que cumpri-la. Agora pare de me questionar e me siga.

Continuamos a caminhar até um esconderijo que ficava submerso na areia da praia, então ela abriu a portinhola no chão e pediu que eu entrasse:

– Você me aguardará aqui, não se preocupe que ficará em segurança.

Além disso, experimente a sensação da terra, para compensar o tempo que passou na água.

Quando entrei percebi que não era o único naquele tipo de porão. Era um lugar escuro e muito quente, onde se concentrava todo o calor do dia. Pouco se enxergava, e assim não era possível identificar as pessoas. Só sabia que eram muitas pelos gemidos e choros que ouvia. Fui andando de costas, procurando um lugar para me acomodar, quando alguém encostou com a mão nas minhas costas, como se estivesse delimitando o espaço e uma voz masculina me disse:

– Garoto! Você é do tipo perdido, assustado ou acostumado?

Estava inconformado com tudo que acontecera desde o momento em que me encontrara com aquela mulher, mas, mesmo sem querer conversar muito, respondi ao homem:

– Não sei, não estou entendendo nada, aquela Senhora que encontrei na praia me disse que morri, meu corpo está todo decomposto.

– É isso mesmo, agora você servirá a ela em uma vida que nem a morte poderá consolá-lo. Aqui você sentirá dor sem cura, calor sem o frescor dos ventos do mar, só lhe restando servir – comentou o homem desconsolado.

– Meu nome é Abdul. E o seu?

– Meu nome é Pedro. Há quanto tempo está aqui? – perguntei ao homem que parecia já ter certa idade.

– Já faz alguns dias, não sei lhe responder ao certo, estou muito cansado e fraco.

– E como veio parar aqui?

– Fui morto em uma disputa de ouro. Saí correndo quando chegaram mais homens. Eu estava sozinho e, sem saber que estava morto, cheguei aqui e fui aprisionado. Mas diferente de você não vim por livre e espontânea vontade.

– Mas o que ela quer de nós?

– Ninguém aqui sabe, só devemos esperar.

— Esperar pelo quê? – respondi irritado com a situação.

— Não sei garoto, só sei que ficar irritado não vai ajudá-lo a sair daqui mais cedo. Temos que nos acalmar e poupar nossa energia, não sabemos o que virá pela frente. Temos que ser espertos para observar e encontrar a melhor forma de ficarmos bem.

O homem me respondeu nervoso com a minha ansiedade e irritação. Suas palavras me acalmaram e senti que não estava sozinho como por muito tempo fiquei. Mas ao fim de nossa conversa, ouvimos ao longe outra voz masculina que demonstrava calma ou conformidade e nos alertava:

— Vocês têm que ficar quietos, só assim conseguiremos ouvir lá fora e talvez descobrir o nosso destino!

— Quem é você? – perguntei curioso.

— Meu nome é Lutero, garoto, e aprenda já para que não sofra mais: aqui não importa quem somos, mas posso lhe dizer que estou nesta vida já faz um tempo. Eu servi por muito tempo uma Senhora muito conhecida por aqui. Em um dos serviços que estava executando percebi uma brecha e fugi, mas fui capturado novamente, só que agora por outra Senhora.

— Mas que tipo de serviço você prestava? – perguntou Abdul.

E eu completei:

— É! Conte-nos!

E com uma voz debochada e gargalhando ele respondeu:

— Ah, vocês não sabem de nada, mesmo! Aqui vocês vão fazer de tudo: influenciar, conduzir, alienar, matar, escravizar, entre outras coisas.

E com uma pausa, por falta de forças e como se ele estivesse relembrando tudo que já fez, continuou:

— Façam tudo o que lhe delegarem. Não tentem enganar ou enfrentar, vocês são escravos.

– Desculpe, Lutero, mas não entendi, o senhor pode nos explicar melhor? – Perguntei calmamente com receio de que ele se irritasse e se calasse.

– É! Por favor, nos explique e nos mostre como fugir! – Perguntou a Abdul, desesperado para sair daquela situação.

Lutero foi se aproximando de nós lentamente como se estivesse muito cansado, e respondeu:

– Você não tem como fugir daqui, pense em uma forma de ficar bem aqui mesmo. Quando você foge de um, é pego por outro. Nesta vida você não tem escolha.

Quando estava bem próximo dava para ver, com a pouca luz que passava pelas frestas da portinhola no final do dia, que era um homem bem-vestido, de cabelos grisalhos e com o sofrimento estampado no rosto. Foi quando ele se sentou perto de nós e começou a explicar o que entendia.

– Vocês agora são apenas espíritos, e este espírito ainda mantém estampadas as características do corpo quando vivo, porém estão esquecidos por aquele que um dia os criou. Esta nova situação em que vocês se encontram faz de vocês apenas escravos de outros espíritos que têm como único objetivo fazer o mal a qualquer preço. E se me cabe lhes dar um conselho, sejam os melhores naquilo a que forem delegados e poderão conquistar alguns benefícios, como roupas e instrumento de trabalho, entre outras coisas que vocês entenderão mais tarde.

– O que aconteceu com o senhor, por que está aqui?

Perguntei para tentar descobrir mais alguma coisa. Então ele iniciou contando a sua história:

– Fui morto pela minha própria mulher com uma faca da nossa cozinha em uma briga que tivemos por dinheiro. Fiquei revoltado quando a vi velar meu corpo como uma viúva desconsolada. Ela contou a todos que eu tinha sido morto por um suposto invasor que procurava pelo dinheiro que costumeiramente guardávamos em casa. Foi a história perfeita para ela justificar a minha morte. Diante daquela cena jurei vingança, ela fingia muito bem e todos os meus amigos a amparavam e consolavam, e, além de tudo, ela retirou o pouco dinheiro que eu tinha guardado para que os credores não o pegassem, porque eu estava devendo muito por causa de jogo. A cada lágrima que descia de seus olhos aumentava meu desejo de vingança, então fiquei junto a ela para onde fosse, e com o tempo aprendi que conseguia me comunicar com ela. Comecei a aparecer para ela, assombrando-a, falando em seu ouvido durante a noite e influenciando suas decisões com o dinheiro para que cometesse erros. Tive paciência, fiz isso por muitos anos, deixei-a tão perturbada a ponto de confundir a realidade com o imaginário. Estava tão mal que chegou a ser considerada louca por alguns médicos, e na opinião deles teria ficado assim por não aceitar a minha morte. Eu me sentia muito bem, mas ainda não estava vingado, então comecei a mandar ela se matar, e foi um trabalho de quatro meses, até que em uma tarde ela se matou com a mesma faca que havia me matado. Fiquei a sua espera para lhe dizer que fora eu quem a tinha influenciado para se matar e como me sentia diante do que ela tinha feito, mas logo que ela faleceu não vi seu espírito, depois de um tempo descobri que aqueles que se matam vão para outro lugar. E daí foi a vez dela ser velada, e os que a velavam achavam que ela tinha morrido por amor, mal sabiam quem realmente era ela.

Estávamos supresos com tudo o que aquele homem nos relatava.

Ao contar sobre sua vida, Lutero se emocionava e depois de uma breve pausa para se recompor ele continuava:

– Após a sua morte, saí ainda meio sem destino, até que fui abordado por dois homens vestidos com o uniforme da guarda real e fui levado para uma prisão. Lá fiquei por um bom tempo até que fui recrutado para ajudar na loucura de uma jovem moça; o trabalho tinha sido solicitado pela própria mãe da garota, que tinha muita inveja da menina porque ganhava muita atenção do pai. Ela o pediu a uma feiticeira com muitos conhecimentos sobre magia que morava no meio da mata. Essa mulher vivia de fazer o mal para as pessoas. A mãe da menina pagou o trabalho com o sangue de vários animais, e a feiticeira evocava a Senhora a quem eu servia sempre que precisava. Nesse caso precisava de alguém para deixar a menina a mais perturbada possível. Então fui chamado, junto com outros que ali estavam. Chamaram-me, pois sabiam do meu feito junto à minha esposa e não tinham muito tempo. Então, enquanto alguns homens jogavam o veneno da magia no corpo dela eu a perturbava.

Não deixei de prestar atenção em uma palavra dita por Lutero, e não era apenas eu e o Abdul; não se ouvia gemido algum em todo esconderijo.

– Porém, quanto mais perturbada a menina ficava, mais seu pai lhe dava atenção e mais a mãe pagava para que ele se afastasse dela. Ficamos nesse serviço por três anos, até que a menina começou a receber a visita de um padre da igreja da região por pedido de seu pai, que era um dos homens mais rico da região e ajudava muito a igreja. O padre percebeu a nossa presença e em suas visitas começou a vir acompanhado por uns homens vestidos de branco que tinham uma luz dentro de si tão forte que era difícil ver o rosto deles. Esses homens estavam mortos como nós e vinham ajudar a menina. Quando o padre chegava com esses homens de branco tínhamos que nos afastar para não sermos pegos nem vistos, mas ela ficava presa a nós, então nos afastávamos. Com o tempo aqueles homens de branco não saíam mais do quarto da menina, e nossa Senhora muito exigente e rigorosa nos cobrava cada vez mais a execução do serviço, afinal a mãe já tinha lhe pago muito sangue para ter o serviço concluído.

— Mas o que aconteceu depois? – perguntou Abdul, ansioso para ver o desfecho de tudo e tentar tirar disso uma ideia para fugir dali.

— Calma, tenha paciência, para conseguir as coisas por aqui você deve ter muita calma e cautela, pois foi essa cautela que me ajudou a fugir. Teve um dia em que sofremos um ataque, quando o padre veio para visitá-la com mais homens de branco, jogaram nela uma água mágica, que nos desmascarou imediatamente e um a um de nós começou a ser capturado. Quando tentávamos fugir havia outros homens parecidos conosco, mas bem equipados, como se trabalhassem junto com os de branco que nunca havíamos visto e que apareciam por trás, não nos dando chance de escapar. No meio da correria vi uma brecha, estava preocupado, pois não queria ser pego por aqueles homens nem pela Senhora a qual servia. Ela não teria misericórdia de mim. Mas aproveitei e larguei tudo ali e corri, corri muito sem olhar para trás. Logo que saí da casa da menina senti um estalo na costas como se tivessem me chicoteado com a intenção de me derrubar. Mas a ponta do chicote passou perto sem me pegar. Continuei a correr até chegar à praia e logo vi os homens de branco rondando a area. Me escondi perto de uma pedra e fiquei agachado para que não me vissem, mas uma hora ou outra eles me achariam, foi quando fui abordado pela Senhora da Praia, que me deu duas escolhas: "Você pode trabalhar para mim e eu te protejo ou deixarei ser pego por aqueles homens que não serão nada piedosos com você". Então pedi a ela que me protegesse, era melhor eu ficar onde já conhecia as regras do que capturado por aqueles homens. Ela nos cobriu com um manto e depois de um tempo eles foram embora e fui colocado aqui junto com vocês.

Enquanto estávamos ali, ouvindo a história de Lutero, ouvimos algumas vozes e logo ficamos todos quietos para ouvir o que se dizia, estavam decidindo o que fariam conosco. Foi quando a portinhola que ficava acima de nossa cabeça se abriu e logo um homem com poucas vestimentas pediu para que saíssemos. Conforme saímos, um a um éramos amarrados pelas mãos em uma corda (que me lembrava as cordas dos navios), e, em silêncio absoluto, pois ninguém ali ousaria falar, principalmente após ouvir a história de Lutero. Fomos colocados um do lado do outro, e quando todos já haviam saído, a Senhora que me capturara apareceu no fim da praia e se aproximou de nós, ela era uma mulher muito bela, de encher os olhos de qualquer homem.

Um dos homens que estavam conosco ficou agitado com a presença dela e logo foi quebrando o silêncio:

– A Senhora é esperta! Deixou-nos escondidos debaixo da terra para que não pudéssemos ser vistos pelos homens de branco.

Ela, irritada com o comentário e a ousadia, respondeu com uma chicotada.

– Não ouse falar assim comigo novamente, caso isso aconteça o deixarei amarrado na praia para ser pego pelos homens de branco.

Ela estava muito séria ao se dirigir ao homem, fiquei com medo.

– Porém, para que todos me conheçam sou a Senhora Praia, a quem vocês servirão agora.

O medo era visível em todos que estavam naquela situação naquele momento. Ela andava para um lado e para o outro enquanto as pessoas terminavam de sair do esconderijo sem falar uma palavra, e logo se pronunciou a um dos homens que a ajudava:

– Não demorem a apertar bem essas amarras, logo vou verificá-la. E vocês, escravos, permaneçam quietos e de cabeça baixa.

E com uma risada que se ouvia de longe, ela concluiu:

– Não serei piedosa com nenhum de vocês.

Eu estava inquieto, o frio da noite chegava e as lembranças do tempo que passara no fundo do mar vieram a minha memória junto com a sensação do frio. Observamos o que dava para ver de cabeça baixa e logo percebi que ela estava no final da fila e ia se aproximando de um por um, colocava as duas mãos sobre o nó das amarras e pronunciava algumas palavras em uma língua desconhecida. Ao terminar de pronunciá-las, a corda que antes parecia ser de sisal, como as utilizadas nos barcos, um pouco mais finas, passavam a ter uma cor alaranjada, e aquele que estivesse preso a ela gritava como se a dor o consumisse em uma sensação indescritível, e logo depois ela desaparecia. Ela passava por cada um e me deixava cada vez mais assustado a ponto de contar quantos faltavam para minha vez. Foi quando Lutero me disse:

– Isso só pode ser magia!

Sem olhar para ele continuei observando.

O mesmo homem que a enfrentou anteriormente, ao não ver as amarras que o mantinha preso àquela situação, saiu correndo em direção ao final da praia, quando não era mais possível enxergá-lo pela tamanha escuridão. Ele foi surpreendido por uma luz que corria pela corda, agora invisível aos nossos olhos até abatê-lo cruelmente. Caído ao chão, sem apresentar movimento algum em seu corpo, surgiram homens vestidos como pescadores de trás da baixa vegetação que rodeava a praia e o levaram arrastado para o meio do mato ,onde não se dava para ver mais nada.

Naquele momento comecei a entender o que Lutero tentava nos explicar com sua história. Aquelas cordas nos prendiam a ela, não havia como fugir, pois não estavam presas apenas em nossa cintura. A Senhora da Praia passava por nós dizendo aquelas palavras e a corda se tornava apenas uma energia que se estendia por todo o corpo. Ansiosamente fiquei à espera da minha vez.

Eu já tinha me preparado para a pior dor da minha vida. Quando ela se aproximou de mim, me olhou nos olhos e disse:

– Está gostando de me servir?

Com uma leve risada no semblante, ela começou a pronunciar as palavras para mim.

Por mais que eu tivesse me preparado ou imaginado a dor, não chegava perto do que eu realmente sentia. No começo, senti o meu corpo se aquecer a ponto de achar que ia pegar fogo, mas logo veio a dor com se algo pontiagudo entrasse por todo o meu corpo, me amarrando por dentro, passando pela minha carne e meus ossos. Ao chegar à cabeça era como se uma mão a envolvesse, depois entrou em meu peito e saiu pelas minhas costas, entrando e saindo pelo meu umbigo; passou pelas minhas genitálias, pelos meus joelhos e pés e assim fui sendo envolvido por aquela força. Naquele momento eu passava a ser da Senhora da Praia, ela tinha total controle sobre mim e não existia forma de se desvencilhar – minhas forças estavam ligadas a ela. A ligação era tanta que era difícil encontrar o início daquela energia.

Aquela mulher me fez sentir a pior dor que eu já havia sentido em minha vida, e para mim a dor parecia ser pior do que a dos outros. Sem saber o porquê, na minha vez ela pronunciou bem devagar umas palavras em uma língua que eu não conhecia, e a cada palavra mencionada ela me olhava profundamente nos olhos e eu me retorcia todo, guardando meus gritos de dor, até que caí no chão, sem forças. Ela, sem se interessar em como eu estava, abaixou-se até mim, me pegou pelo queixo e disse:

– Levante-se, não gosto de servos fracos. O que adianta você não gritar, mas ficar encolhido como uma criança que sente frio?

Com raiva, ela já de pé para que todos pudessem ouvir mandou que eu me levantasse. Sem ter muitas forças me levantei e me posicionei como estava anteriormente, então ela completou:

– Isso! Mostre para os outros como age um servo de verdade.

Minha raiva era maior que a minha dor, mas me mantive quieto, e com muito esforço me mantive em pé. A Senhora da Praia foi terminando um por um e então fomos colocados em um círculo desenhado na areia da praia, que mais parecia uma prisão em que dava para ver sutilmente umas grades se levantarem depois que o último de nós entrou. Então, olhando para todos nós, ela iniciou sua explicação de como funcionariam as coisas dali para frente.

Todos olhavam para ela apreensivos e com medo. Era uma noite muito fria, e o vento forte que batia junto com a areia fina da praia em minhas feridas me fazia sentir muita dor. Mantive-me encolhido para tentar proteger-me melhor, mas as feridas estavam muito expostas ao tempo, principalmente as do rosto. Mesmo sentindo muita dor, tentei prestar atenção nas orientações dadas por ela:

– Senhoras e senhores, como muitos por aí, agora vocês estão iniciados na vida de servidão a mim. Ensinarei a vocês a arte da manipulação de energia e como executar as tarefas que futuramente vou delegar a vocês. Darei início à orientação de vocês hoje.

Todos olhavam para ela, quando iniciou a sua explanação:

– Primeiramente, quero lhes esclarecer que eu, junto com vocês, presto serviço àqueles que nos solicitam, nada se faz de graça. Cada serviço prestado tem um preço a ser pago e esse preço é estabelecido por mim, as negociações são feitas comigo e a execução é feita por vocês. Caso sejam bons servos e conquistem minha confiança, poderão adquirir algumas coisas, mas não pensem em liberdade, pois isso não é para vocês.

E com uma gargalhada que se podia ouvir por toda praia ela continuou:

– Temos algumas regras que não devem ser quebradas para o melhor andamento de todos os serviços. A principal delas é que nunca devem transitar pela praia durante o período do sol, pois fica mais fácil identificá-los e por aqui também andam homens de branco, que podem capturá-los e não quero perder nenhum dos meus servos para eles. Mas se acontecer de um de vocês ser pego, nunca delatem a mim ou a seus companheiros. Isso será considerado uma falta grave e vocês poderão sofrer as consequências adequadas para um traidor. Vocês devem aprender a controlar as próprias forças. Eu sempre saberei como vocês estão e se tiverem intenções contra mim, pois estão todos ligados a mim pelo cordão que já prendi em vocês, e serão cordões parecidos com esses que vocês devem aprender a utilizar para realizar os serviços a vocês delegados. Vou exemplificar brevemente como funciona.

Ela me escolheu, porém não aleatoriamente (ela tinha algo comigo que eu não sabia o que era). Sabia que eu seria testado até chegar ao limite das minhas forças:

– Você! Venha até aqui.

Olhei para os lados para confirmar se era mesmo eu, e realmente ela estava apontando para mim. Caminhei até ela saindo do círculo e entrando em outro menor desenhado por ela naquele instante. O alívio e a apreensão eram claros no rosto de todos. E ela continuou:

– Saibam que esses cordões dão acesso e controle da mente e funções motoras. Posso provocar em vocês, por exemplo, dores horríveis e chego a controlar algumas funções motoras como provocar ataques para que percam o controle do corpo ou provocar sentimentos de diversos tipos – angústia, medo, sofrimento com perdas, ciúmes, entre outras coisas. O que vocês precisam saber é que através dessa conexão conseguimos executar nossos serviços, mas algumas vezes vocês não conseguirão atacar a pessoa diretamente, então devem sempre cercar todos que convivem com o alvo do serviço. O importante é executá-lo, mas para conseguirem conectar e manter essa conexão devem sempre se manter concentrados.

Sem avisar nem esperar que eu me preparasse, ela lançou um disparo energético que me fez encolher novamente ao chão. A dor era muito grande e eu não conseguia controlá-la; a angústia e a dor mental eram piores ainda. Com uma gargalhada e olhando em meus olhos ela continuou:

– Vocês devem ficar atentos para não serem pegos de supresa, e devem aprender a superar as dores, que daqui para frente serão muitas.

Caído no chão, me esforcei para levantar e me posicionar novamente. E ela nem me olhava para saber como eu estava. Entendi que seria sua vítima. Meus conflitos diante de minhas escolhas começavam e a angústia de pensar que eu poderia não estar naquela situação me doía mais que os ataques daquela mulher, eu teria que me manter concentrado para conseguir me libertar. Já de pé voltei minha atenção para ela, que continuava a explicar com devíamos trabalhar:

– Vocês devem criar esses canais e para isso é de suma importância que sejam cautelosos, pois devem primeiramente observar todo o ambiente. Os encarnados têm em seu entorno uma energia que os protegem. Para que os canais fiquem bem conectados, deve-se ultrapassar esse envolto e se prender diretamente ao espírito e corpo físico da nossa vítima. Para isso, deve-se identificar as falhas nessa energia. Podemos encontrar indivíduos sem falhas, então vocês devem provocar o desequilíbrio que gera a abertura do envolto energético. Assim, identifiquem outros indivíduos que vivam próximos da vítima, para que vocês se conectem a eles e provoquem, por exemplo, uma briga. Quando isso acontecer, verão que o sujeito que é nosso objetivo, ao entrar na briga, irá se desequilibrar e abrir pequenos fachos nesse envolto energético que se abrem e se fecham rapidamente. Ao se abrirem, vocês devem se conectar, mas não abandonem a conexão do sujeito que provocou a briga, talvez precisem dele novamente. Alguns dos indivíduos com esse envolto energético resistente podem se desconectar, pois alguns deles frequentam a casa dos homens de branco que identificam os nossos cordões e os desconectam e, assim, muitas vezes chegam até nós e nos atingem. Por isso é muito importante que não sejam vistos e trabalhem muito bem o canal para não serem pegos. Essa parte do trabalho é mais perigosa, pois uma vez que forem pegos a dor é muito grande. Geralmente, os que são pegos pelos de branco são entregues para os senhores da lei, e saibam que a lei é impiedosa.

Todos prestavam atenção nas orientações dadas por ela, mas, apesar disso, era claro que ninguém ali entendia ao certo o que era para fazer, menos Lutero, que já havia trabalhado antes com outro senhor. A cada palavra mencionada eu ficava mais inquieto, mas entendi que não tinha mais opção a não ser prestar atenção e aprender o que pudesse.

– Depois que se conectarem, afastem-se e todo o restante do trabalho deverá ser feito a distância. Através dessa conexão, vocês poderão enviar muitas informações e executar o trabalho. A informação enviada dependerá da estratégia de ataque. Para deixar a pessoa com ciúmes do marido, por exemplo, vamos começar a enviar informações que façam com que a mulher implique com tudo. Nesse caso, podemos nos conectar também ao marido para causar atrasos e situações que façam a esposa se descontrolar e começar a brigar com ele por ciúmes. No caso de doenças, a conexão é feita diretamente no local a ser infectado. Através do cordão enviamos ondas magnéticas que criam uma anomalia, causando a doença. É importante que saibam que em cada região do espírito conectada teremos uma atuação e uma ação diferente. Por exemplo, para criar desequilíbrios sexuais, vocês deverão se conectar nas proximidades das genitálias. No caso de doenças, como já falei, devemos atacar diretamente o local onde a doença deve surgir. Para provocar loucura, deve-se conectar-se na parte posterior da cabeça, entre outros casos. Vocês devem causar dor, medo, tristeza, angústia, o que for necessário para executar o trabalho. Vou lhes mostrar como devem fazer.

Eu seria sua vítima. Olhando-me nos olhos ela me pediu para que me afastasse um pouco, mas sem sair do círculo que nos envolvia. Então, iniciou a tentativa de conexão quebrando meu campo energético. Eu sentia muito medo, mas também muita raiva, e mesmo ligado a ela naquele momento ela tinha me deixado por conta própria sem me atingir pela conexão que me prendia.

Quando iniciou, me contagiei apenas pela raiva, tirei forças do meu próprio íntimo e naquele momento a enfrentei. Ela não conseguia ultrapassar meu campo energético. Percebi em seus olhos que, mesmo sem mudar a fisionomia, ela começou a ficar nervosa pela minha ousadia, mas, sem que percebesse, ela lançou de suas costas um chicote vermelho intenso e me bateu com raiva. Eu caí no mesmo momento, e ela se conectou a mim, fazendo com que eu sentisse uma dor pior do que o da primeira vez. Desejei desaparecer, morrer de verdade.

Eu estava ali, deitado, me retorcendo de dor, e ela veio até mim bem devagar me olhando como se me odiasse, mas também admirando a minha dor com orgulho do que acabara de fazer. Ela se abaixou e aumentou lentamente a intensidade da dor que eu sentia e me disse:

– Não queira me enfrentar, garoto, você não sabe com quem está lidando. Além disso, você me deu a sua palavra, agora não adianta voltar atrás, nunca se esqueça disso.

Com uma breve pausa na fala e voltando os olhos atentos a todos, me pediu para voltar ao meu lugar. Logo, ela orientou seus subordinados:

– O período do sol se iniciará, guarde-os e fiquem de prontidão, depois voltaremos para continuarmos.

Caminhando diante de todos que ali estavam, ela parou em minha frente, e, ainda sem conseguir ficar em pé direito, me pegou pelo pescoço apertando-me com suas garras. Com muita falta de ar me esforcei para levantar e me recompor para ouvir o que ela tinha a me dizer. A Senhora, sussurrando em meu ouvido, disse:

– Não tente me enfrentar novamente, não serei piedosa da próxima vez!

Ela soltou a minha garganta, se virou e foi embora para dentro do mar, até que não se pudesse mais vê-la. Fomos levados empurrados e arrastados de volta para debaixo da terra, que mesmo depois de uma noite fria continuava quente como no pino do sol. E ali passamos o dia inteiro: vimos o dia clarear, o sol ficar a pino e o sol se pôr. Pouco ouvi naquele dia, mas quando a noite se iniciou, Abdul quebrou o silêncio:

– Pedro, você foi corajoso ontem, eu gostaria de ter tido a mesma coragem.

Eu apenas olhei para ele, sem saber muito que pensar, mas Lutero continuou:

– Pedro, pense bem no que irá fazer, ela não está brincando. Para te falar a verdade você deu mais motivos a ela do que o outro com quem ela acabou. Nem imagino por que ela te poupou. Saiba que aqui o melhor negócio é nos dedicarmos em sermos os melhores naquilo que nos for solicitado, senão, terá de provar da força da Senhora da Praia. Pense, Pedro, pense!

Apesar de não querer seguir as palavras de Lutero, eu via que não teria outro caminho. Lutero continuou:

– Pedro, eu ficarei do lado dela a partir de agora, e você deveria fazer o mesmo!

– Pedro, eu estou com ele. – Disse Abdul. – Sozinho não vou conseguir nada, nem fugir.

Ouvi os dois e fiquei quieto de cabeça baixa, pensando no que realmente seria melhor a fazer, pois não queria ser dizimado e tão pouco sentir aquelas dores novamente.

Quando o sol se pôs e a noite chegou com sua escuridão fria, ouvimos a movimentação novamente, porém algo estava diferente. Percebia-se que, apesar de não estarmos no período do sol quando a movimentação sempre era muito intensa, todos estavam muito agitados. Então concluímos que não estávamos sozinhos. Tentávamos olhar pelas frestas da porta trancada à nossa cabeça, mas o escuro da noite não nos permitia ver nada. Não estávamos ilesos, podíamos ser apanhados em qualquer período, mas à noite era mais fácil se esconder. Naquela noite esperamos e a Senhora da Praia não apareceu.

E os dias e as noites se passaram e ninguém aparecia, a batalha era ouvida e algumas vezes observada no período do sol, mas ali ficamos por muito tempo. Um dia, no alto da madrugada, quando há muito não ouvíamos mais nenhum barulho, um homem ofegante com uma arma que nunca vira antes abriu a escotilha que nos mantinha presos àquele buraco e disse:

– Saiam todos de cabeça baixa e corram direto para o mar, lá há canoas que levarão vocês.

Olhamos um para o outro e obedecemos saindo enfileirados com o olhar para baixo como havia sido pedido. Mas aquele homem muito agitado querendo que fôssemos o mais rápido possível continuou a gritar:

– Saiam rápido!

Saímos todos, muitos quase caíram e logo eram levantados pelos que vinham atrás. Se um não conseguisse todos se prejudicariam, pois estávamos presos uns aos outros. Chegamos ao mar e realmente havia pequenas canoas onde cabiam duas pessoas em cada, além dos servos da Senhora da Praia que ali já estavam à nossa espera. Assim que todos entraram, seguimos a grande escuridão do mar. O vento era muito gelado, meu rosto doía com o vento forte que batia em nós, e a canoa balançava muito.

Em meu barco estávamos eu e Abdul, no barco detrás estava Lutero, que não hesitou em perguntar depois que já havíamos navegado a uma boa distância da praia:

– O que está acontecendo e para onde estão nos levando?

E com um olhar bravo, o homem que estava em sua canoa respondeu:

– Cale a boca!

Logo atrás ouvíamos o desespero de uma mulher, que gritava muito.

– Eu tenho medo do mar! Não quero ir! Socorro! Não quero ir!

No instante seguinte só ouvimos o barulho de algo caindo no mar, e não mais seus gritos. Mas podíamos ouvir ela se debater debaixo d'água, e ercebemos uma alteração na movimentação da água como se houvesse animais nadando perto das canoas. Então ouvimos algo sair da superfície e pegar aquela mulher. O silêncio foi predominante novamente, até ser quebrado pelo subordinado que acompanhava minha canoa:

– Vocês devem ficar quietos, estamos sendo vigiados, qualquer descuido agora poderá ser fatal.

Navegamos em silêncio absoluto por mais um logo tempo até que paramos por um instante e um dos subordinados falou a todos:

– Vocês estão sendo disputados.

Como ele já falava em um tom para todos ouvirem, perguntei:
– Como assim, disputados?

– A Senhora da Praia é uma mulher muito importante e poderosa por essas águas, e outros senhores vêm tentando atacá-la de todas as formas, para que ela perca sua reputação. Esses senhores descobriram que a Senhora estava recrutando novos servos e eles acharam que capturar vocês seria uma boa forma de conseguir atingi-la. Se conseguissem, ela ficaria desfalcada e, assim, mais fácil de ser atingida. Porém, a Senhora não tem só inimigos, ela também tem amigos que a ajudam a combater as forças que querem atrapalhá-la. Agora voltem a ficar quietos, estamos prestes a entrar no grande portal.

Naquele momento eu me dei conta da magnitude de tudo aquilo, e perguntas vinham à minha cabeça, mas nada mais podia ser perguntado. Eu estava apreensivo, mas me controlei e me mantive quieto, podia perceber pela respiração de todos como se sentiam amedrontados.

CAPÍTULO 4

No fundo do mar

Voltamos a navegar e comecei a observar que o mar estava mudando a corrente de uma forma que eu nunca havia visto antes em toda a minha vida no mar. A água corria e ia aumentando de velocidade conforme íamos adiante em nosso destino. A canoa pendia para apenas um lado, seguindo a corrente como se fosse virar. Nós segurávamos com força na pequena canoa, que parecia não suportar tal força. Foi quando o homem que nos guiava orientou a todos:

– Vamos entrar no portal, segurem-se quando eu avisar, pois se caírem ficarão presos neste portal com as criaturas. E também segurem a maior quantidade de ar que puderem.

Pouco dava para ver, mas seguramos com força a pequena canoa e a maior quantidade de ar que cabia em nossos pulmões, logo entendi que íamos entrar no mar. Segurar a respiração nos ajudaria a não nos desesperarmos e a mantermos a calma. Lembrei-me da minha última experiência no mar. Apesar do medo e do pavor que eu sentia, tentei manter a calma, pois ficar preso ali poderia ser pior do que enfrentar o mar novamente, e o melhor a fazer naquele momento seria manter a calma.

Mas logo nossos temores piorariam. Quando começamos a entrar no portal percebemosr pelo balanço das águas, que estávamos entrando em redemoinho, e de longe conseguíamos avistar vários espirais de cores diferentes que se moviam no mesmo sentindo da corrente, mas a tensão era tanta que não consegui observar muito. Só o que me ficara bem claro ao entrarmos no portal era que as nossas canoas estavam presas a um dos espirais que tinha uma cor meio avermelhada, seguindo até o centro do redemoinho, cuja força era muito grande.

Nós estávamos molhados e mal conseguíamos manter a respiração. Quanto mais ficávamos próximos ao centro mais difícil era se manter na canoa. Mesmo que existisse uma força que nos mantivesse nela, de longe e com muitos gritos percebíamos que alguns que estavam em nosso grupo não aguentavam e caíam, e não eram mais vistos.

Tínhamos a verdadeira sensação de que íamos ser engolidos pelo grande mar. Então, chegamos ao final e caímos de bico nas profundezas marinhas. A pressão era muito grande, eu sentia que ia explodir, mas saímos da turbulência para a calmaria. Não se ouvia nada nem víamos qualquer movimento – uma calma que nunca vira antes. Não sabíamos o que realmente estava acontecendo nem quais eram as nossas reais condições, onde estávamos e como estávamos.

O homem que nos guiava parou as canoas perto de umas pedras e nos pediu para que ficássemos quietos até sermos chamados, pois ainda corríamos o risco de sermos capturados pelos inimigos da Senhora da Praia.

Eu me sentia muito confuso, pois não sabíamos onde estávamos nem para onde íamos. Eu estava ali embaixo da água novamente, de onde por anos lutei para sair. Não consegui entender como conseguíamos respirar como se tivéssemos em terra. Ficamos ali escondidos por muito tempo, com apenas metade dos barcos que tinham entrado no mar. Observamos por alguns instantes uma gruta da qual saía a pouca luz que nos permitia observar um pouco do ambiente onde estávamos. Então nos assustamos com um breve movimento de duas rochas laterais, uma de cada lado, que levantou muita areia e nos cegou por um tempo. Quando a areia se assentou novamente notamos que não eram rochas e sim dois peixes que, segundo o homem que nos acompanhava, eram os guardiões da gruta, e ele continuou:

– Estes são seres marinhos, aqui existem muitos como eles e não se pode identificar para quem trabalham. Vocês devem tomar muito cuidado. Normalmente eles vigiam o portal, espiam inimigos, atacam de surpresa, fazem de tudo para servir seus senhores. Estes que vocês estão vendo são guardiões dos domínios da Senhora da Praia, eles trabalham para ela há milhares de anos. Agora vamos nos manter quietos, logo vamos entrar.

Todos estavam abismados com o que acabavam de ver. Logo os peixes terminaram de verificar a área e com um sinal nos autorizaram entrar.

Um por um saímos da canoa e caminhamos lentamente para não levantar muita areia, seguindo a orientação dos homens que nos guiavam. Caminhando para dentro da caverna, chegamos a um grande salão envolto por uma bolha de ar que estourava assim que pisávamos em terra seca.

Logo que entramos deparamos com uma grande sala com tochas nas paredes e toda revestida por pedras, a areia era muito fofa e a caminhada era difícil. A cada passo sentíamos animais marinhos que viviam embaixo da areia se movimentar e nos olhar como se soubessem que estávamos ali. Um a um os homens que nos guiavam se posicionavam na lateral da caverna. Mesmo com ar de cansados, mantinham a postura de autoridade diante de nós e de servos leais diante da Senhora da Praia.

Quando ela entrou por uma das portas daquele grande salão, observei os olhares direcionados e sua postura impecável. Naquele momento percebi que tinha que rever a minha atuação diante dela, afinal Lutero podia ter razão. Com a atitude que estava tendo até agora não havia conseguido nada. Mantive-me quieto e decidi observar. Sem demorar muito, se posicionou diante deles e questionou:

– Quantos perdemos?

– Cinco servos, Senhora, e dois de nós!

Respondeu um deles, dando um passo à frente, e logo voltando ao seu lugar sem lhe dirigir os olhos.

– Foi o preço a ser pago. Como estão os outros?

– Aguardando-a, Senhora. – Respondeu novamente.

Ela se virou para nós e com uma cigarrilha na mão iniciou:

– Como foram de viagem?

Mas todos se mantiveram quietos, tentando, como os guias, a manter a postura mesmo com o corpo todo doendo.

– Eu não pretendia trazê-los tão cedo para o meu esconderijo, mas diante das circunstâncias não tive escolha! Agora vão passar um tempo aqui até estarem prontos para voltar.

Estávamos todos enfileirados ouvindo com muita atenção suas orientações. O salão era muito grande e existiam muitas criaturas além de nós e dos guardiões da porta e dos que estavam na areia. Ela caminhou até mim, me olhou nos olhos e disse:

– Gostaria de dizer a vocês que, como podem ver, tenho muitas criaturas aqui que me servem. Saibam que elas estão por todos os lados. Por isso, não tentem nada, pois sei de tudo o que acontece por aqui.

Abaixei a cabeça como um sinal de respeito a ela, mas mesmo assim ela veio até o meu ouvido e me disse:

– Não tente me enganar, garoto, já te avisei que não terei muita paciência com você, só não acabei com você ainda por respeito à sua mãe.

Naquele momento percebi que existia muito mais coisa envolvida ali de que eu não tinha conhecimento e decidi que seria um bom servo, como havia orientado Lutero.

Caminhando em direção aos outros, ela continuou, com um leve sorriso no rosto:

– Fico feliz em vê-los todos aqui, vocês perceberam que alguns não conseguiram. As coisas aqui são bem diferentes do que pensam, até para os mais experientes. Saibam que estão aprendendo uma das grandes lições: aqui só vencem os mais fortes, não há espaço para quem é fraco.

Ela voltou a se posicionar no centro do salão. Em silêncio, olhando para nós, continuou a dizer a todos, que prestavam muita atenção:

– Não tem nada que eu mais preze do que a lealdade. Sejam leais a mim, e eu os recompensarei.

Ela se virou e ordenou que fôssemos recolhidos. Caminhamos para dentro da caverna até chegarmos a uma pequena passagem estreita e escura. Um a um fomos entrando em silêncio, todos estavam muito cansados.

Ao entrar fui tateando as pessoas que ali já estavam até encontrar um lugar para sentar. Achei um canto onde me sentei e fiquei apenas observando as outras pessoas entrarem, e então a pequena porta foi fechada. O ambiente era meio estranho, úmido e com um cheiro muito forte.

Aos poucos as pessoas se acomodavam, mas ninguém ousava falar nada. Depois de certo tempo ouvi alguém me chamar ao fundo da pequena e apertada caverna:

– Pedro, onde você está?

– Estou aqui, Lutero.

– Está bem?

– Igual a todos, acredito eu.

– Não te falei que a melhor coisa era manter-se quieto?

Foi quando uma voz bem ao meu lado, me falou:

– É, Pedro, com essa mulher não se pode brincar.

– Abdul, é você?

– Sim, sou eu, Pedro.

– Percebo que a sua voz não está boa.

– Não estou bem mesmo, além de muito cansado não sei se existe algo pior que este lugar!

Depois das palavras de Abdul todos se mantiveram quietos e não se ouviu mais nada. Eu me acomodei e tentei descansar. Foi difícil, pois estávamos sentados em rochas e tínhamos muito pouco ar para respirar. Porém, a única coisa que me incomodava eram as palavras da Senhora da Praia sobre minha mãe – mesmo assim me acomodei e tentei descansar.

Depois de muito tempo que já estávamos ali fomos chamados ao grande salão novamente, e ela nos esperava na parte mais alta.

Enfileiramo-nos diante dela, mal conseguíamos ficar de pé por causa da fome que sentíamos (para mim estava mais fácil, pois já havia passado por situações parecidas). Vendo que ninguém falaria, levantei brevemente a mão como se pedisse autorização para falar e assim ela me concedeu:

– Pode falar, garoto!
– Estamos todos com muita fome.
– Logo saberia que chegariam a esse ponto, me esqueço de que alguns de vocês acabaram de deixar a carne.

Ela levantou o braço e ordenou.

– Tragam-lhes alguma coisa para saciar as necessidades da carne que eles não têm.

E de longe avistamos uns homens com uns sacos. Ao chegarem ao centro do salão, jogaram no chão alguns pães. Muitos não se contiveram e correram em direção à comida. De onde ela estava puxou o seu chicote e disparou sobre os que avançavam. Eu me mantive no lugar, já esperando uma reação dela. Aproximando-se dos que tinham corrido em direção aos pães, ela perguntou:

– Mandei comerem? Aqui vocês só fazem o que eu mando e não me lembro de ter liberado vocês para comer!
– Não, Senhora.

Respondeu os que ali estavam ainda com os pães na mão. E ela com o sorriso no rosto e com tom de deboche disse:

– Voltem para seus lugares. Os que aguardaram podem vir comer, e vamos ver se deixarão algo para vocês, seus companheiros, tão famintos!

Ali ela ficou, nos observando comer, sentada em uma bela cadeira que mais parecia um trono. Ao terminar, um a um voltava para o lugar. Um dos homens de nosso grupo não aceitou que não

havia mais pão, e num ato de loucura correu em direção a ela gritando como se fosse atacá-la:

– Eu estou com fome! Você não pode me deixar sem me alimentar.

Os guardas seguraram o homem enfurecido que se debatia de um lado para o outro com muita força. Tranquila, olhou para ele e ordenou aos servos:

– Leve-o daqui, deixe-o pensar sobre como se portar.

Todos ficaram surpresos com a atitude do homem, mas nos mantivemos imóveis apenas observando os acontecimentos. Não demorou muito para que ela iniciasse seu discurso:

– É melhor ficarem comigo do que por conta própria.

E com um ar debochado e gargalhadas, continuou:

– Eu vou proteger e alimentar vocês, afinal é melhor me terem como amiga do que como inimiga.

E por pior que parecesse ela falava a verdade.

– Vocês entraram em meus domínios, onde se concentra a maior parte das minhas forças. Aqui as coisas são bem diferentes, devem tomar cuidado com tudo, até com o controle de quem entra e sai, essas criaturas que vocês estão vendo servem a mim, mas existem milhares circulando por aí que são na verdade vigias de outros senhores, dos homens da lei e dos homens de branco. Elas estão por todos os lados e se misturam muitas vezes com as próprias criaturas marinhas, ficando muito difícil identificá-los. Aqui funciona a lei do mais forte.

E assim ela continuou a nos ensinar sobre os mistérios do mar e da magia, aprendemos muitas coisas: utilizar-se da magia para obter o que se precisa, transformar energias, transitar pelo mar, como não evitar os homens de branco e os homens da lei, saber respeitar os domínios dos outros senhores e negociar com as outras criaturas. Passamos tanto tempo ali que já tínhamos perdido a referência de dia e noite.

Todo aquele período me fez decidir que eu seria um dos melhores de seus servos. Víamos que aqueles que se destacavam eram recompensados. Eu não tinha muita escolha, já estava ali e seria o melhor. Passei todo aquele tempo quieto para que ela me esquecesse; precisava refazer minha imagem com ela. Muitos tentavam enganá-la, mas sempre tentei evitar qualquer confronto inútil, conversando e tentando mostrar outro caminho. Sem saber essa foi a melhor coisa que fiz. E de surpresa fui chamado para encontrá-la sozinho, sem o meu grupo. Primeiramente fiquei apreensivo. Chegando à porta de seus aposentos, ela pediu para que entrasse:

– Entre, garoto.

E discretamente e com cautela entrei.

– Como se chama mesmo?

Perguntou-me ela mexendo em alguns de seus pertences, e ao achar sua cigarrilha, se voltou até mim com ela acesa.

– Pedro, Senhora.

– Estou ciente de suas atuais atitudes, Pedro. Estou muito feliz com a sua mudança de atitude, mas ainda existe algo que não me faz confiar em você. Pode me dizer o que é?

– Não, Senhora.

– Acredito que talvez eu possa lhe dar uma chance, mas será a sua única oportunidade, não poderá falhar. Saia.

– Sim, Senhora.

E sem dizer mais nenhuma palavra saí. Na porta me esperava um de seus homens de confiança, que me levou para outro ambiente que nunca havia visto. Ali estavam um grande número de homens e poucas mulheres da confiança da Senhora. O ambiente não era muito diferente da nossa cela. As únicas diferenças eram as poucas tochas espalhadas pelo salão, mas que pouco iluminavam, e a altura:

todos podiam ficar de pé e se movimentar livremente. Mas o cheiro e a umidade eram uma característica de todo aquele lugar.

Mantive-me quieto num canto até que me chamassem. Depois de pegar alguns objetos o homem que eu acompanhava chamou-me para perto dele. Sua aparência era estranha, sua pele estava toda cheia de rugas como se estivesse há muito tempo na água e suas roupas eram de um jovem pescador. Apesar de sua aparência lhe fazer parecer velho ele tinha pouca idade, como me contou.

– Pedro, você pode me chamar de Gusmão. A Senhora pediu para que lhe ensinasse algumas coisas, pois logo partirmos para um trabalho.

Não sabia o que pensar direito, mas, enquanto Gusmão falava e eu o ouvia, tentava descobrir qual seria a melhor forma de melhorar as minhas forças para não decepcionar a Senhora. Então, percebi que poderia conquistar um bom lugar e talvez me tornar um dos seus homens de confiança. Atento às orientações de Gusmão concentrei-me em ser o melhor.

– Pedro, existe muito mais além do que já foi passado para vocês. Aqui, nas forças do mar, existem muitos portais que nos dão acesso a vários lugares, dentro e fora do mar. Mas é preciso ter muito cuidado ao entrar em qualquer um dele. Esses lugares funcionam como labirintos e, se não souber transitar por eles, pode cair direto em mãos erradas. Esses portais funcionam como corredores onde, além de nós, também transitam seres marinhos conhecidos também como correntes. Eles mudam de cor e de temperatura dependendo de aonde vão, de aonde chegam e quando mudam de lugar. Você precisa saber que existem sete grandes mares que se conectam através dessas correntes. Eles são diferentes em todos os aspectos: na energia, calor, coloração e frequência. Mas em todos eles existem as águas escuras. As águas escuras são um território desconhecido, muito pouco se sabe sobre os seres de lá, evite-os, nem passe perto, é melhor não arriscar. É melhor ser pego por um ser da lei do que chegar perto das águas escuras. Dizem que eles são seres que vivem há milhares de anos nestas águas e que de tanto tempo que passaram lá já perderam a forma humana, muitos são metade peixes e metade homens, mas não são esses peixes que vimos por aqui, são animais que mal conhecemos. Alguns falam que lá é o verdadeiro inferno onde as almas se purificam com a mais profunda dor e desespero, quem cai nos domínios das águas escuras não sai de lá tão cedo. Já ouvi dizer que no fundo das águas escuras existe fogo, o fogo do centro da terra.

– E como vou saber por onde andar?

– Você estará comigo. Não se preocupe, vai demorar para conseguir andar sozinho. E para o trabalho que vamos executar não será preciso nem sair das águas.

Fique por aqui que logo iremos.

Mantive-me quieto no lugar que Gusmão me deixou, mas não hesitei em observar tudo e todos ali, havia muitos homens e todos tinham uma aparência em que a pele deixava o rosto deformado. Eram homens que causavam medo só pela sua aparência, muitos deles me olhavam como quem quisesse saber quem eu era e o que eu estava fazendo ali. Eu não os encarava, abaixei meus olhos e ali fiquei esperando. Sem demorar muito Gusmão chegou com um pão e um copo de água. Sem pensar, peguei aquele pão e engoli sem mesmo saboreá-lo e com a pouca água que tinha naquele copo empurrei o pão para dentro de meu estômago para saciar um pouco da minha fome que já me deixava fraco. Gusmão me pegou pelo braço como se estivesse com pressa e foi me empurrando para fora daquela sala:

– Vamos, Pedro, já está tudo pronto para partirmos.

E com a boca ainda cheia de pão, respondi:
– Mas, para onde vamos?
– Entre no barco que vou te explicando no caminho.

Entrei sem questionar carregando alguns sacos pesados, me sentei e percebi que Gusmão foi até a porta pedir autorização para sair. A autorização foi concedida por uma mulher muito bonita com roupa colada ao corpo como se tivesse molhada. Ao fazê-lo, me olhou bem nos olhos e seu olhar me dizia para não tentar nada. Cheguei a sentir calafrios com o olhar daquela mulher, mas logo deixei de olhá-la nos olhos, e entendi por que Gusmão sempre andava um pouco curvado para baixo, não olhava ninguém nos olhos, como se ele não se expusesse a toda aquela cobrança. Não hesitei em perguntar:

– Gusmão, por que você anda sempre abaixado?
– Para não sentir o que você sentiu ao olhar para a mulher que cuida da porta, isso faz com que eu não perca o controle.

Apesar de me responder, senti que ele não queria mais falar sobre isso, sua resposta foi sucinta, não me deixando perguntar mais nada. Assim me mantive quieto esperando ele iniciar uma nova conversa.

Ao sairmos daquela grande caverna, também fui observado pelos mesmos peixes que ali guardavam, e uma escuridão imensa se abriu diante de nós. O medo tomou conta de mim e nós dois remávamos bem lentamente para um destino apenas conhecido por Gusmão. Ele se manteve quieto durante o percurso, mesmo porque não podíamos chamar a atenção. Depois de muito remar chegamos a um lugar onde se viam os raios do sol entrarem nas águas e me senti aquecido. Ficamos atrás de umas rochas observando o fundo do casco de uma fragata antiga, dava para ver as marcas das ferramentas que tentaram limpá-lo. Por um momento observei os peixes e a beleza da vida marinha, mas minha contemplação foi interrompida com as palavras afobadas de Gusmão que me segurava pelos braços e me encarava nos olhos. Até me assustei, pois ele estava bem diferente do que eu já tinha visto:

– Pedro, você vai entrar naquele barco para executar o capitão daquela embarcação.

– Mas por quê?

– A mulher dele que solicitou o serviço à Senhora da Praia. Não me passaram muitos detalhes, mas ela é viciada em jogo e pretende ficar com o que é dele para jogar mais. Ela pagou muito bem pelo trabalho e vamos executá-lo. Já há homens lá, cada um fazendo a sua parte, você vai entrar comigo e me ajudar a fazer com que ele se mate com uma bala de pistola, já estamos neste serviço há seis meses e hoje é o dia, ele já bebeu muito e nós já o deixamos bastante deprimido, demos muitos pretextos para ele se motivar a fazer isso. É muito importante você saber que devemos manter a vontade que está sentindo de se matar, pois se surgir uma dúvid, não conseguiremos.

– Por quê? – Perguntei eu, apreensivo para entender melhor.

– Não é a hora dele, nós só vamos adiantar as coisas para a mulher ficar com o dinheiro. Se ele sentir dúvidas poderá chamar quem não precisamos enfrentar hoje, então se mantenha concentrado e aplique o que lhe foi ensinado.

– Tudo bem.

– Então vamos.

Aproximamo-nos da fragata bem lentamente até subirmos a bordo. Lá encontramos muitos homens que trabalhavam para a Senhora da Praia. O silêncio se mantinha e todos ali estavam concentrados para o golpe final. Eu e Gusmão caminhávamos com calma como se os vivos pudessem nos ver. Entendi que toda precaução era pouca. Escondi-me atrás de uma escada, eu sabia que cada um daqueles homens estava participando daquele momento, só que eu não conseguia ver nada que os ligasse ao capitão. Ficamos ali alguns instantes e, com o sinal de um dos homens, subimos. Entramos na cabine e com muita rapidez Gusmão pediu para que me concentrasse e assumisse um dos cordões e finalizasse o serviço.

Fiquei por alguns segundos sem saber o que fazer até que assumi um dos cordões e joguei ali minha mágoas e a vontade que tive muitas vezes de morrer. Meus sentimentos eram tão intensos que eu via sair da minha mão raios energéticos que chegaram a distanciar Gusmão. Mas ele, mesmo de longe, manteve-se conectado até que o homem, que já tinha sua pistola em mãos, a levantou até a frente e atirou. Vi Gusmão me pegar pelo pulso e corremos sem olhar para trás. Junto com os outros homens fomos para as embarcações e remamos em direção ao fundo mar. O silêncio se mantinha e eu estava anestesiado e muito surpreso com a força que dispus.

Fomos para uma gruta nos esconder e, ao me concentrar novamente, perguntei a Gusmão:

– Por que estamos aqui?

Gusmão ainda com uma postura diferente, respondeu com a fala acelerada:

– Não podemos voltar agora, não sabemos se existem homens da lei atrás de nós. Olhe só esses vultos e como as água estão se movimentando.

– Como assim?

– Eles ficam andando pelos mares atrás de homens como nós. Aquele homem não tinha proteção alguma, mas os homens da lei sabem que ele foi induzido à morte. Quando executamos um serviço sempre precisamos ficar atentos, eles normalmente vasculham a área para ver se pegam alguém. Se vamos direto para os domínios da

Senhora podemos ser seguidos. Então vamos ficar aqui por alguns dias até acharmos seguro voltar.

E ali me mantive quieto digerindo tudo o que estava acontecendo, eu estava muito orgulhoso do que acabara de fazer. Mas nenhum dos homens ali comentava nada para não serem ouvidos, supus. Depois de três dias não se viam mais vultos de um lado para o outro e as águas já estavam mais calmas, de dois em dois saíamos daquela pequena gruta onde estávamos escondidos e remávamos até os domínios da Senhora.

Pelo caminho observei uns corredores por onde passavam muito animais, foi quando perguntei a Gusmão:

– O que é aquilo?

– São correntes, Pedro, elas se diferenciam pela coloração, temperatura e velocidade da água. Muitos animais as utilizam para migrarem. Essas correntes são muito utilizadas pelos homens de branco, quando vêm até as profundezas do mar. Do mesmo jeito que existem essas correntes com tons claros também existem correntes com tons mais escuros, e se em algum momento você tiver que utilizar uma delas, saiba que as mais escuras são para homens como nós.

– E por que eles vêm até aqui?

– Muitos vêm para resgatar espíritos como nós ou que estão perdidos pelo mar, outros vêm para se encontrarem com os homens da lei.

– Como assim? – perguntei curioso.

– Os homens da lei com os homens de branco! Eles trabalham juntos, Pedro.

E quando eu ia questioná-lo novamente, chegamos próximo aos domínios da Senhora e precisávamos nos manter quietos para não chamarmos a atenção de ninguém e entrarmos em segurança.

Ao guardarmos a canoa, Gusmão me chamou de lado e em voz bem baixa, disse:

— Pedro você deve ter cuidado com todos, não só com os homens da lei, mas também com os inimigos da Senhora. Ela os adquiriu com muita batalha; para que chegasse aonde está hoje ela teve de duelar com muitos. Esses peixes que você pensa que são peixes, na verdade são espiões desses outros senhores que esperam apenas uma falha dela para terem de volta tudo o que ela tem.

Mantendo-me quieto o acompanhei até a grande sala onde ela nos esperava, com a cigarrilha na mão e um belo vestido vermelho justo e os cabelos cacheados e longos. Fiquei surpreso, nunca a tinha visto daquele jeito, ela era realmente uma mulher bonita, mas sua crueldade era tão grande quanto sua beleza. Com um olhar de satisfação ela se virou para todos que haviam participado do trabalho e com muita sedução no olhar e em seus gestos começou a nos elogiar:

— Muito bem, estou orgulhosa de vocês, rapazes.

E olhando para Gusmão e depois para mim, perguntou:

— Gostou das minhas novas roupas?

— Sim, Senhora — respondi, mas Gusmão se manteve em sua postura sempre olhando levemente para baixo, nunca a encarando.

— Foi o que ganhei pelo bom trabalho de vocês. E como sou muito justa lhes darei algo que queiram muito, só não peçam liberdade.

E me olhando nos olhos, continuou:

— E para você, rapaz, já tenho separado seu presente, me encontre em minha sala. Gusmão, leve-o até lá.

— Sim, Senhora.

Fomos até a sala da Senhora e lá esperamos por muito tempo. Gusmão não pronunciava mais nenhuma palavra, sempre olhando para o chão perto da porta, até que ela chegou.

— Rapaz, como você chama mesmo?

– Pedro, Senhora.

– Então, Pedro, eu vou lhe devolver algo que esqueceu ao sair do mar naquele dia em que nos encontramos.

E da lateral do vestido vermelho ela tirou minha adaga. Era difícil controlar a minha emoção. Aquela adaga tinha muitos significados para mim, era a única lembrança de meu pai, o único presente que já tinha ganhado na vida. Era a minha liberdade, mas também a minha desgraça. Estar com ela era sentir o reconhecimento e a ruína de tudo que vivi e se tinha algo que eu nunca quis deixar na vida era a minha adaga, ela não deixaria que eu me esquecesse do que eu precisava.

Ela a entregou em minhas mãos, e sem pensar muito nas palavras, agradeci:

– Obrigada, Senhora, essa foi a melhor recompensa que eu poderia ter.

– Eu lhe dei sua adaga, para que não se esqueça de como executar uma tarefa, da força que você usou para matar os dois maiores capitães destes mares, de como executou o trabalho de hoje e de que deverá sempre trabalhar para mim.

Não sabia o que dizer.

– Mas ela ainda não está afiada, ela só será depois que você me provar algumas coisas. Gusmão leve-o daqui, deixe-o em uma cela sozinho, não o quero conversando com ninguém.

– Sim, Senhora.

Acompanhei Gusmão até uma cela pequena como se fosse para apenas uma pessoa. Entrei e fiquei sem questionar nada, eu estava tão eufórico por ter minha adaga novamente, que nem percebi a tensão no olhar de Gusmão, como se ele quisesse me dizer alguma coisa. Como não dei atenção, ele me trancou e me trouxe logo em seguida um pão e um copo com um pouco de vinho.

Da minha cela dava para ver tudo que acontecia no grande pátio de presos, as celas ficavam uma do lado da outra, e, apesar da iluminação precária, via homens sendo retirados e amarrados no meio do pátio e surrados até não conseguirem ficar em pé. Outros eram mordidos por peixes carnívoros até não terem mais carne no corpo, enquanto outros eram obrigados a sentir a sensação da água do mar entrar-lhes nos pulmões. Esses homens eram sempre acompanhados por Gusmão, que, ao amarrá-los para tortura, sempre me olhava nos olhos, como se quisesse me dizer algo, mas eu não entendia. E isso se repetia a todo o momento, nas vezes que me trazia alimento ou quando passava em frente à minha cela, porém eu não conseguia entender.

Depois de algumas semanas fui surpreendido por Gusmão, que abriu a minha cela e me disse:

– Siga-me.

Quieto, o segui, atento para ver se me dava mais algum sinal além dos misteriosos olhares, mas ele não esboçou nada que pudesse me ajudar.

Fomos para o grande salão onde normalmente a Senhora nos orientava, lá estavam vários homens que a ouviam atentamente.

– Senhores, temos um grande trabalho no continente, as orientações serão passadas ao chegarem lá.

Todos se movimentaram para as canoas, já levando seu equipamento. Foi quando ela chamou por Gusmão.

– Você fará o caminho que combinamos com ele.

– Sim, Senhora – respondeu ele, balançando a cabeça baixa.

– Gusmão – chamei-o em vão. Sem me responder, continuávamos em sentido contrário de todos os outros homens. Foi quando passamos por uma cela onde vi alguns homens amarrados pelos punhos e pés, um deles era Lutero. Ele me chamou esticando os braços com muita dificuldade. Olhei para ele, mas não pude fazer nada além de seguir Gusmão em seu passo largo e corrido. Foi quando Gusmão me perguntou irritado:

– Quer ficar com ele?

– Não, Gusmão.

– Então siga, temos pressa.

Sem olhar para trás novamente o segui e não perguntei mais nada. Pegamos uma saída lateral da caverna. No canto havia uma pequena canoa, menor que a de costume. Então, fomos autorizados a sair pelos guardiões daquelas portas. Remamos muito até encontrar a luz do sol que já estava fraca, pois o sol já se punha. De longe pude avistar um navio, e Gusmão me olhou, dizendo:

– Ali está nossa carona. Vamos.

Continuamos a remar até chegarmos perto do barco que estava ancorado. Logo ele saiu e entramos pela fenda da âncora e nos escondemos perto de alguns animais. Ali ficamos por algum tempo.

Existia algo naquele barco que não me era estranho, o cheiro era muito familiar. Fui observando até avistar uma cela e a reconheci. Estávamos na caravela do capitão Josefan. Caí em si, me lembrei de tudo que passei naquele barco como se um raio passasse em minha cabeça. Meus sentimentos eram confusos, eu sentia raiva e ao mesmo tempo força para superar e sede vingança. Foi quando ouvimos barulho e nos escondemos. Apareceu o atual capitão da caravela, o mesmo que me jogara no mar. Com um impulso corri para pegá-lo, quando Gusmão me segurou pelo braço me puxando de volta para o meu lugar, e me segurando com força, me disse olhando nos olhos:

– Pedro, você terá a sua vingança, mas não será assim, você não deve atacá-lo dessa forma, sua condição é outra.

Com muita raiva, perguntei:

– Por que estamos aqui?

– Para que você se fortaleça.

Ficamos ali até que eles saíssem, foi quando a Senhora da Praia saiu detrás de uma das colunas, com sua cigarrilha na mão, veio até mim e me disse:

– Parabéns, Pedro, é assim que eu gosto de ver. Eu te trouxe até aqui para que saiba com quais sentimentos deve trabalhar. A raiva e a sede de vingança é um bom começo.

Rodeando-me como se quisesse me seduzir, continuava a falar baixinho com a voz bem suave:

– Você poderá fazer o que quiser com ele. – E parando bruscamente em minha frente, continuou: – Mas o melhor, aprenda a lidar com as suas emoções e nada te conterá.

E foi embora deixando Gusmão para me ajudar caso fosse necessário.

Fiquei andando de um lado para o outro e o ódio só aumentava e nada me vinha à cabeça, até que me lembrei do hábito de guardar as velas que iluminavam a embarcação à noite na cabine do capitão, assim se evitaria qualquer tipo de ataque de qualquer tripulante insatisfeito que pudesse querer incendiar o navio. Cauteloso, subi as escadas até o convés e entrei nos aposentos do capitão.

Ali fiquei diante do homem que havia me matado, mas sem perceber saiu de um pequeno ambiente um servo que me viu e derrubou uma bacia com água quente para aquecer os pés do capitão e gritou:

– Pedro!

O capitão, vendo o que ele acabara de fazer, se virou para saber por que o servo o chamara e começou a gritar com ele. Quando cheguei ao ápice da raiva que já sentia, com uma força que brotava não sei de onde, empurrei o capitão, que caiu e bateu a nuca na ponta da mesa, morrendo na hora.

Gusmão me pegou pelo braço, e me levou rapidamente para a canoa que permanecia no mesmo local onde a havíamos deixado, perto do casco do barco.

Eu estava muito eufórico, não conseguia falar nada, até chegarmos bem perto de umas rochas, e percebi que estávamos chegando perto da praia. Ali Gusmão me deixou quieto por um tempo, e depois veio me interpelar sobre meus pensamentos. A única coisa em que pensava naquele momento era que o servo tinha me visto. Mesmo me mantendo quieto, Gusmão insistiu:

– Pedro! Como você está?

De cabeça baixa, sentado em uma rocha, demorei, mas respondi a Gusmão com uma pergunta.

– Gusmão, ele me viu?

– Sim, Pedro, ele o viu.

– Mas como, Gusmão?

– Pedro, quando em carne, somos invisíveis para maioria das pessoas, mas alguns podem nos ver.

– E agora? – questionei, solicitando uma resposta rápida.

– O que quer saber, Pedro?

– Ele me viu! – Afirmei para Gusmão ansioso para saber o que poderia acontecer.

– Agora a sua lenda será mais completa, você não é só o homem que matou os dois maiores piratas desta região, mas também será o homem que se vingou depois de morto.

Parei por alguns instantes e senti o gosto da vitória, eu me sentia vingado e mais forte como eu nunca havia me sentido. Eu realmente tinha condições de virar uma lenda, e aquele servo me ajudaria muito, pois contaria o que vira. Como todos os homens do mar eram muito supersticiosos, a história percorreria os sete mares. Gusmão completou perguntando:

– Como se sente, Pedro?
– Muito bem!
– Gostou de descobrir o poder que você tem em mãos?
– Sim! Serei um dos melhores executores da Senhora da Praia.

Gusmão, com leve sorriso nos lábios, completou:

– Você já é. Vamos nos encontrar com os outros, ainda temos mais um serviço para executar.

Seguimos em direção à praia. Ao sairmos da canoa senti a areia nos pés. Tive uma sensação de firmeza no corpo que há muito não sentia. Demorei a conseguir andar naturalmente, meu corpo pesava demais e os movimentos pareciam mais difíceis.

Ao chegarmos, muitos nos esperavam. Coo um olhar de aprovação a Senhora me encarou e logo pediu para que nos reuníssemos num lugar perto dali, já que a praia era perigosa, pois o sol ainda não tinha se posto por completo. Caminhamos por algum tempo até chegarmos a uma gruta bem úmida. A Senhora saiu e voltou logo depois com as orientações: dividimos-nos em grupos e fomos executar a tarefa. Eu me sentia muito confiante e tudo que ainda estava para realizar dali para frente teria a mesma força que brotava em mim, naquele momento.

Assim foram e vieram muitos trabalhos, e eu participava sempre, aprendendo coisas novas e adorando o poder da destruição em mim. Gusmão não mais me acompanhava, eu já ia sozinho trabalhando e me defendendo.

Uma vez fomos executar um serviço no continente e ao passarmos por uma taberna ouvi dois homens falarem sobre os piratas mais terríveis da região, foi quando um deles mencionou:

– Para mim, o mais terrível de todos foi Pedro. Dizem que ele ainda ronda essas águas à procura de vingança.

Aquelas palavras me envaideceram e eu me senti o homem mais forte daqueles mares, enfim eu tinha conseguido o que tanto procurava: ser reconhecido como um pirata, e teria que fazer por merecer ser uma lenda. Era quando eu fazia questão de me mostrar para os vivos, para que eles soubessem e me temessem.

Depois de muito tempo servindo a Senhora, fui chamado por ela:

– Como vai, Pedro? – perguntou-me com a cigarrilha na mão, como de costume.

– Vou muito bem, Senhora.

– Vejo que você está se dando muito bem, como se dispôs a fazer.

– Dedico-me para ser o melhor, Senhora.

– Você está ficando muito conhecido, Pedro! Alguns de meus clientes têm exigido você em alguns trabalhos. Apesar de não gostar muito disso, ainda não me incomoda a sua fama.

Sem saber o que dizer, me mantendo o tempo todo de cabeça erguida, mas com o olhar para o chão, respondi:

– Em momento nenhum quero a Senhora descontente comigo.

– Que bom ouvir isso, quer dizer que você não se esqueceu de que trabalha para mim.

– Não, Senhora, porém não faço mais só porque sou obrigado, faço também porque eu quero.

Eu realmente estava não só porque ainda estava preso a ela, mas também porque ali eu tinha conquistado o prestígio que eu tanto procurei.

– Não pense, Pedro, que por ser conhecido te libertarei.

– Sei que não, Senhora, estou preso à Senhora pela eternidade.

– Isso! Mesmo porque você precisa estar comigo para não ser pego pelos homens da lei.

Minha fisionomia mudou. E sem perceber a encarei nos olhos como há muito tempo não fazia.

– É, Pedro, eles o querem tanto que é melhor ficar atento a esses homens que se escondem em lugares que você nunca imaginaria existir. Você está fazendo lei com as próprias mãos.

E com um ar muito irônico em sua fala, como se estivesse se divertindo, ela continuou.

– As leis deles não são para nós, eles trabalham com os de branco, como você já sabe, tome muito cuidado.

– Por que me diz tudo isso, Senhora? – perguntei, voltando a olhar para o chão novamente.

– Porque você vai liderar a sua primeira execução a pedido do homem que pediu o serviço, Pedro, e estará sozinho, você e os homens que levar. E não tente me enganar, pois não é porque está conhecido por aí, que isso me faz confiar em você.

– E o que terei de fazer, Senhora?

– Você deverá desfazer uma família, através da loucura de uma das filhas de um casal bem conhecido no continente.

– Junte os homens que precisa e pode ir.

Antes de sair apenas perguntei quanto tempo teria.

– É um trabalho demorado, mas tente executar o mais breve possível.

Saí da sala sem falar mais nada, fui até o salão, chamei os homens que achei necessário, e encaminhei-me ao continente, logo atrás vinha Gusmão me seguindo, a pedido da Senhora. Naquele momento ele não precisava falar nada, eu sabia que ela estava me testando.

Ao chegar ao continente observamos por algum tempo a família. Todos eram muito felizes, uma das filhas tinha muita sensibilidade e chegava a nos ver e isso fazia com que a família ficasse afastada dos outros por um tempo. Ali estaria nossa chance, se aquela menina ficasse louca e a família inteira ficasse desequilibrada, um por um seria atingido até o nosso objetivo ser alcançado.

E foi em uma tarde, num passeio da família, que conseguimos pegá-la. Um de nós apareceu para ela de forma com que ela sentisse medo. Então, me liguei a ela, e mesmo de longe a acompanhávamos por onde fosse. Os dias se passaram e fazíamos a menina ficar cada vez mais quieta e em alguns momentos ter surtos de raiva. Sua mãe foi uma das primeiras a ser atacada pelo surto e assim a família inteira começou a sentir a mudança de comportamento da menina.

Era uma família muito rica com condições de pagar os melhores médicos, e muitos foram chamados e de todos os tipos, até que um dia fui surpreendido pela visita da avó da menina. Quando ela entrou no quarto sentimos que devíamos nos afastar por um instante, mas sem nos desconectarmos, pois a velha não andava sozinha. Mesmo assim a mãe percebeu a melhora da garota com a chegada da avó, ficando até confusa para explicar como ela estava. Foi quando a avó pediu para a mãe chamar o padre da paróquia para visitá-la. A mãe se assustou, e com a saída da avó, logo tratamos de não deixar com que a mãe fizesse o que tinha sido pedido. Mas, apesar de todas as tentativas, não conseguimos evitar a vinda do padre trazido pela própria avó sem que soubéssemos.

Ele olhou para a menina perguntando como ela estava e fizemos com que ela se sentisse bem para que não nos descobrisse. Porém não contávamos com a visita seguinte daquele velho padre. Junto dele começaram a vir outros homens de branco que com o tempo passavam por lá mesmo quando o velho padre não ia. Toda vez que o padre ou os homens chegavam, nós saíamos, fazendo a menina se sentir melhor para que o padre não voltasse, mas isso o fazia voltar cada vez mais e com as suas palavras estava ficando mais difícil se manter ligado a ela. Então, decidimos dar um golpe final para terminar logo com aquele serviço.

Os homens se juntaram e todos se ligaram à menina para fazer com que ela morresse. Sua saúde era muito frágil e seria fácil levá-la.

Ficamos ali por algumas semanas, até que o padre chegou com um grupo de mulheres e começaram a rezar pela menina. Os homens de branco rondavam tudo ali e nós fazíamos o de sempre: fazíamos a menina se sentir melhor. Até fomos pego de surpresa pelos homens da lei. Ao vê-los, largamos os cordões que nos ligavam a ela e corremos para todos os lados. Muitos foram pegos. Eu corria muito até chegar perto da praia, então senti alguém me pegar pelo braço e me levar para uma pequena canoa. Era Gusmão que me salvara, ele me vigiou durante os dois anos que passamos ali.

Escondemos-nos no lugar que ele passara todo aquele tempo nos vigiando. Ali ficamos sem trocarmos palavra, não podíamos fazer barulho, senão chamaríamos atenção. Depois de muito tempo, saímos da canoa em direção aos domínios da Senhora. Gusmão não falava comigo e eu não me atrevia a falar com ele, mas sabia que nada de bom me esperava. Pensei em fugir, mas para onde iria? Não tinha como fugir, não importava para onde eu fosse, ela sempre me acharia.

Ao chegarmos ela me esperava muito nervosa, e aos gritos dizia:

– Eu sabia, Pedro, que não podia confiar em você.

Sem saber o que falar, me mantive quieto.

– Você me fez perder homens e não executou o serviço. Como vou ficar diante de tudo que já recebi pelo serviço?

Senti-me o pior dos homens, mas ela conseguiu me deixar pior:

– Dê-me de volta a sua adaga! Você não é merecedor dela.

Ela podia me tirar tudo, menos a minha adaga. Ali percebi como ela queria me atingir, e continuou:

– Leve-o daqui! Não quero vê-lo por um bom tempo.

Voltei para a pequena cela úmida e malcheirosa, mas desta vez ela estava vazia, ali só estavam eu e meus pensamentos. Fiquei esquecido por todos por muito tempo. A angústia cobria meu peito e meus pensamentos, até que não consegui aguentar mais, e, descontrolado, me sentei no chão num canto bem isolado da cela e chorei como uma criança. Chorei em silêncio, e sem saber, eu não estava sozinho.

– Por que choras?

Perguntou-me uma voz que parecia cansada de viver. E mesmo sem enxergar o fundo da cela, perguntei, enquanto limpava o rosto para não parecer fraco:

– Quem quer saber?

– Sou eu, Pedro.

E de uma pequena fresta na parede da rocha dentro da cela saiu um homem bem idoso de barbas longas com uma roupa velha de pescador. Eu me levantei em direção ao velho que pouco se deixou ver e, abismado e muito assustado, perguntei:

– Quem é o senhor?

– Alguém que há muito o observa.

– Há quanto tempo está aí? Nunca o vi antes.

– Estou aqui há muito mais tempo do que imagina.

– Mas quem é o senhor?

– Um prisioneiro como você. Mas já respondi suas perguntas, você não respondeu a minha.

– O que quer saber?

– Por que choras?

Fiquei meio sem graça, sem saber o que responder, pois nem eu sabia o motivo de meu choro. E ele continuou:

– Não sabes me dizer! Não é, Pedro?

– Não sei! Estou aqui já faz muito tempo e me sinto cansado. Abri-me com o velho, eu cheguei a limite.

– E por que não pedes ajuda? – questionou-me o velho.

– Para quem?

– Para Deus – respondeu ele, com simplicidade.

– Quem é esse?

– É aquele que pode o ajudar.

– Se puder me ajudar também pode o ajudar, por que não pede ajuda o senhor?

– Já pedi, estou aguardando, e logo serei atendido.

Com a risada entre os lábios, achei graça do que ele acabara de me falar e fui respondê-lo quando ouvi uma movimentação perto da cela, me virei para o velho e ele tinha sumido novamente pela fresta na rocha das paredes da cela. Sem saber o que fazer fui para a porta da cela para ver o que acontecia, fiquei curioso. Todos corriam de um lado para o outro e eu perguntava aos berros para os que passavam:

– O que está acontecendo?

Mas todos corriam, e a pressa era tanta que nem me olhavam. Aí que me assustei com Gusmão abrindo minha cela com a mesma pressa de todos, sem me olhar nem falar direito e me puxando pelo braço. Ele me perguntou me dando de volta a minha adaga e me olhando brevemente nos olhos:

– Você quer refazer a sua imagem com a Senhora da Praia?

Sem pensar respondi que sim.

– Então pegue sua adaga e lute, honrando seu nome e o nome da sua Senhora.

– Claro! E para onde vamos?

– Já saberá.

Entusiasmado com o que estava acontecendo corri atrás dele, até chegarmos ao grande salão. Lá estavam vários homens uns já conhecidos por mim e outros não, todos estavam inquietos e muitos tinham as armas em punho. Logo chegou a Senhora, vestida como quem ia para guerra, e sem perder o hábito da cigarrilha começou a nos dizer o que estava acontecendo. Apesar de muito inquieta, ela não perdia a postura altiva.

– Senhores, é chegado o momento de provarmos o que somos. Vamos nos unir em um grande exército para uma grande batalha que já se iniciou e fomos convocados. Estamos sendo atacados pelos homens de branco e os da lei, não somos nós diretamente, mas é alguém a quem devo minha palavra de ajuda quando necessário e serei muito prejudicada caso eu não cumpra com o que foi prometido. Então vamos à batalha e quero que lutem como se estivessem lutando para mim, após a vitória vocês serão recompensados.

Ao falar em recompensa não consegui pensar em nada além de conquistar a confiança dela.

– Dividam-se em grupos, a batalha já se iniciou, então entraremos pelas falhas da batalha, onde o inimigo vai estar mais fraco. Não esqueçam que quem for pego estará sozinho e não se esqueçam de serem leais, não ousem falar nada sobre a minha pessoa e muito menos sobre onde nos escondemos.

Ouviam-se gritos altos e eufóricos de todos a cada palavra dita, o grupo todo se unia para a batalha.

– Estaremos mais fortes juntos e não separados. Até a volta, senhores!

Saímos de lá em canoas. Eu estava apreensivo, nunca tinha visto tal movimentação. Cada grupo era coordenado por uns dos homens de confiança da Senhora, o meu grupo tinha como segundo responsável, Gusmão. Um a um entrávamos nas canoas que eram guardadas pelos seres marinhos da Senhora. Animais de grande porte como tubarões, eles nadavam ao lado das canoas com uma velocidade que nunca havia visto. Eles estavam muito alterados. Toda aquela situação começou a me deixar assustado, não tinha mais certeza de que tinha tomado a melhor decisão, nossas canoas navegavam sem mesmo se preocupar se alguém ia nos avistar. A impressão que tínhamos era de que todos estavam focados na batalha.

Quando chegamos perto, o medo veio à tona. A batalha era muito grande. Eu nunca vira tantos homens lutando como naquele momento. Eram tantos homens e mulheres lutando que não se via em que ponto a batalha terminava. Ali estavam homens de branco, homens da lei, muitos escravos, seres marinhos e até alguns seres das águas escuras, mas estes estavam em pequenas quantidades.

Diante de tamanha batalha me senti novamente angustiado e, sem saber a razão, me questionei por que estava ali. Poreem não tinha mais como evitar a batalha. Ninguém ali nos vigiava, mas, diante da circunstâncias, era melhor enfrentá-la do que fugir, mesmo porque não tinha para onde ir.

Encontramos um lugar para se esconder até encontrarmos o melhor lugar e o melhor momento para entrar na batalha. Depois de muito observar, avistamos uma lacuna dos homens da lei e ali todos os homens do meu grupo entraram gritando e nadando com toda força e com as armas em punhos. A maioria dos homens utilizava pequenas espadas, mas eu apenas com a minha velha adaga sem fio – era o que eu tinha e me salvaria com ela.

Ao adentramos a batalha, ela se mostrara muito mais cruel e impiedosa. Muitos homens desapareciam ao perder a luta para um homem da lei, e, diferente do que pensávamos, não éramos melhores do que eles, e sim a minoria. Não batalhei, optei primeiramente em me desviar e defender dos golpes que eram muito violentos. Com a pouca visibilidade mal se via o que acontecia ao lado. A água se movimentava demais com a batalha e muitas vezes nos pegávamos nos defendendo de nós mesmos, tamanha era escuridão. Percebi em um momento que alguns homens começaram a fugir, pois não tínhamos como vencer. Ali podiam ser encontradas apenas duas opções: fugir ou ser pego. Quando era possível, olhávamos uns para os outros e sabíamos que estávamos condenados.

CAPÍTULO 5

A lei

Com a minha adaga em punho apenas me defendendo andei de costas entre os combatentes, tentando me esconder, mas fui surpreendido por um homem em minhas costas que não me deu chance para batalha, apertou a espada em minhas costelas. A dor era imensa, eu mal conseguia falar, aquela lâmina afiada não só doía ao entrar nas minhas costelas, mas também me queimava todo. Aquele homem com uma voz calma me disse ao se aproximar do meu ouvido:

– Você não aprende, Pedro!

Senti um frio que percorreu todos os meus ossos. E ele continuou:

– Quanto tempo demorará a aprender que pode fazer escolhas?

Para mim aquela batalha acabara ali, com um golpe cruel perdi os sentidos e fiquei desacordado. Quando acordei, ainda me sentia meio sonolento, minha visão ainda estava embaçada, meus pensamentos estavam lentos, mas não hesitei em procurar com dificuldade a minha adaga que não estava mais comigo, novamente a tinham tirado de mim.

Demorei para me localizar, mas me vi preso pelos pés junto com outros homens em um canto separado da batalha onde havia homens fortes de calças pretas e de boa aparência nos guardando. Muitos eram os capturados, não tinha ideia de quantos eram, éramos amontoados uns aos outros sem muito espaço para se acomodar, e ali ficamos por dois dias. A batalha já estava acabando e os que restavam ali estavam por honra a seus senhores, mas todos já sabiam que a batalha já havia acabado.

Depois de as águas se acalmarem com o fim da batalha, fomos orientados a nos levantar e prosseguir em direção àqueles homens que nos aguardavam. Caminhamos sobre as pedras, nadamos e fomos carregados pelas correntes, tudo estava muito diferente do que eu conhecia, mas todos os que ali estavam sabiam que íamos para os domínios dos homens da lei.

Contra a corrente se via um homem com ar de senhor que vistoriava todos os capturados. Eu que estava entre todos aqueles homens o via de relance, pois as águas se movimentavam demais naquela corrente. Tive a sensação de já ter visto aquele homem. Sem saber ao certo me lembrei de Manoel, e era ele com sua voz inconfundível que comandava aqueles homens.

Naquele momento fiquei assustado e apreensivo, sem ter muito controle da situação, por um instante voltei àquela cela quando garoto e me lembrei das palavras de Manoel para mim, de como a vida na pirataria era uma ilusão. Então, percebi que, além de não ser mais um pirata, ainda continuava preso nas forças da ilusão da vaidade e da ambição. A partir daquele momento percebi que apesar de sempre estar à procura de realizar minha ambição, nada encontrei.

Saímos da corrente e entramos nos domínios dos homens da lei. Na entrada existiam duas colunas muito altas, e através delas percebi que estávamos bem no fundo do mar. A luz era muito pouca e não dava para saber ao certo de onde vinha, o frio daquelas águas nos doía o corpo, além de sentir o sal queimar minhas feridas após entrar por aqueles portões. Todos foram colocados uns atrás dos outros e caminhávamos pela areia fina e gelada de cabeça baixa, só olhando de lado (podíamos ver muitos homens, mas não dava para saber ao certo quantos eram, apenas que eram milhares). Então, caminhamos até chegarmos às celas, onde nada se enxergava. Aquela cela era bem pior do que a cela dos domínios da Senhora da Praia, o frio e o calor se confundiam com o frio das águas e o abafado e quente da cela, além da escuridão. Todos que ali estavam se mantinham quietos por todo o tempo que passamos.

Depois de algum tempo que estávamos ali, éramos chamados em grupos. Os grupos que saíam não eram vistos mais, o que foi me deixando incomodado, sem saber o que pensar nem o que fazer, até que chegou minha vez. Fomos levados uns presos aos outros pelos pés, e colocados diante de uma grande parede de pedra e ali fui surrado por várias horas. Sem forças para fazer nada, sem esperança de me livrar daquela situação, me entreguei à dor e ao desespero, e ali fiquei por muito tempo. Os chicotes já haviam tirado o resto da carne que tinha em minhas costas, o sal me queimava, mas eu não tentava mais me defender.

Entre as sessões de surras, comecei a perceber que eu era o único responsável por estar ali, comecei a me lembrar de tudo que eu já havia vivido e nas escolhas que havia feito. Naquele momento a minha consciência passou a doer mais do que os chicotes em meu corpo.

As minhas escolhas tinham me levado a uma eterna prisão. Não lembrava mais o dia que tinha me tornado livre, pois estava sempre preso à ambição e à vaidade que me iludia; era prisioneiro de mim mesmo. Mas sem esperança ali fiquei por muito tempo, até que um dia fui chamado para me apresentar diante de Manoel. Nada seria pior do que encontrá-lo.

Entrei em uma sala escura com algumas velas nas paredes e Manoel já me esperava sentado em uma cadeira, que mais parecia um trono de rei, e, com uma voz grave, me perguntou.

– Como está, Pedro?

– Como quiser, senhor.

– Não sabe me dizer como está, Pedro?

– Não, senhor!

– Você sabe quem eu sou?

– Sim, senhor, sei.

– E quem eu sou, então?

– Manoel.

– Não, Pedro, eu não sou Manoel. Apenas me utilizei daquele nome para me comunicar com você.

Mantive-me quieto, mas apreensivo para saber por que eu estava ali.

– Sou o Exu Rei dos Sete Mares.

– Sim, senhor! – respondi eu abismado, sabendo que deveria tomar muito cuidado com qualquer coisa que falasse. Já havia aprendido: respeitar os superiores. E ele continuou:

– Pedro, lembro-me como se fosse hoje do dia em que fui ao seu encontro, para lhe mostrar que a vida é feita de escolhas, mas minhas palavras foram em vão, pois nada foi feito com o conhecimento que lhe passei naquele dia.

Ouvi, mantendo-me quieto diante de tais palavras.

– Mas, meu senhor, sua palavras foram tão breves, além de ser apenas um garoto na época.

– O aprendizado é para eternidade, se não puder aprender, o que fará? Além de que não existe idade carnal ou espiritual para se aprender qualquer coisa que seja.

– Mas, senhor! – disse eu iniciando minha justificativa.

– Pedro, a sua ignorância não o pune, mas também não o abstém de tudo que fez.

– Compreendo.

– Você sempre teve duas opções na vida, como todos nós temos por toda a eternidade, mas você sempre foi pelo caminho mais fácil e hoje deverá prestar contas sobre as suas escolhas e o que elas fizeram com você e com as vidas que prejudicou.

As palavras dele me doíam a alma, eu não tinha mais o que contestar, assim me mantive quieto e continuei a ouvir:

– Pedro, você deverá prestar contas agora!

– Senhor, mas eu não sabia!

Como a voz alterada e me olhando nos olhos, continuou:

– Você foi preso pela sua própria palavra, e serviu a si mesmo quando escolheu não sair daquela situação, muitas coisas ali lhe foram convenientes. Não queira se colocar na posição de vítima, pois isso é algo que você não é.

Já bastante impaciente ele me questionava:

– Pedro você recebeu sua recompensas por serviços prestados?

– Sim, senhor, recebi.

– Então, não tente me dizer que tu és uma vítima. Você pensa que tudo o que fez não é de meu conhecimento, mas sabemos de tudo, somos nós que cumprimos a lei divina.

– Mas se a lei sabia o que eu fazia, por que não me impediu?

– Bem, vejo que você não procurou aprender nada. Deus criou o homem e as leis que regem este mundo, se o que a você era permitido é porque a lei também estava se aplicando diante daquele que você achava estar prejudicando.

– Então eu não fiz o mal.

– Quem pensa que é, você não pode aplicar a lei, ela se aplicou através de você, é diferente. Além disso, o mal se transforma em bem. Na espiritualidade nada se perde, tudo se transforma naquilo que for melhor para o espírito naquele momento, nem que isso seja passar por um sofrimento momentâneo. Pois, diferente do que todos pensam, todo sofrimento é momentâneo quando encarnado, além de termos total controle sobre ele. O que nos incomoda pode ser mudado por nós mesmo se não a situação, pelo menos a forma com que encaramos tal sofrimento.

Suas palavras eram muito fortes e naquele momento tive consciência do que eu tinha me tornado, mas também tive ciência de que nada mais podia ser feito. E com arrependimento, me questionei em voz alta:

– O que me tornei?

– Um homem comprometido, Pedro, o mal que foi feito precisa ser desfeito. E você carrega consigo a queda dos que caíram por sua influência, e também as do que não caíram. Você se tornou um devedor, o mal que você estava fazendo precisava terminar, por isso que agora você está em meus domínios, para aplicar a lei.

Sem saber o que ia acontecer, me sentia desolado, pois meu objetivo nunca fora o mal, mas percebi que o busquei sem ponderação para atingir meus objetivos. Objetivos estes que nunca foram alcançados. Afinal, estava eu ali com meu corpo quase em ossos, sem minha adaga e sem nada do que desejei um dia. Me dei conta de que, apesar de tudo, eu continuava o mesmo garoto que um dia quis ser pirata, mas que para isso matou o próprio pai e se tornou um homem impiedoso para conseguir o que queria.

Com muita firmeza e autoridade na voz, ele prosseguiu:

– Suas escolhas acabam aqui. De agora em diante você estará sob os domínios de um exu de lei que trabalha para o divino. Seu livre-arbítrio não vale de nada aqui, você sentirá o verdadeiro peso do que realizou até agora.

E com uma breve pausa que pareceu uma eternidade, ele me olhou nos olhos e pediu para os homens que ali estavam o servindo que me levassem. E assim o fizeram. Fui jogado em uma cela vazia, escura, úmida e malcheirosa, muito parecida com as outras que já havia visto. Mas aquela seria diferente, seu portão era trabalhado, mas de dentro não se via nada.

Logo me acomodei em um lugar que me pareceu mais quente e ali fiquei. Porém, o tempo não passava e minha vida inteira vinha à mente e junto com ela a dor do arrependimento, que ela subia do meu estômago, latejava em minha cabeça, tomava conta de meu corpo e bombeava meu coração. A angústia era tão grande que mal cabia dentro de mim, as lágrimas que desciam em meu rosto desfigurado e não aliviavam a dor e o desespero que infelizmente não se tornavam loucura como uma fuga da realidade que eu mesmo criarei. Os dias foram se passando e fui concluindo que eu era a minha própria prisão, e sem dúvida aquela era a pior das celas em que já estivera. Diferente das outras, não havia nada que eu pudesse fazer, sentir aquela dor até que ela se esgotasse e dilacerasse meu íntimo e sem enxergar o final do meu sofrimento me entreguei a ele. Naquela cela vivenciei a minha vida por muitas vezes, a refiz por muitas outras e a cada escolha diferente que imaginava eu enxergava tudo que deixei para trás e ao me dar conta disso a dor tomava conta de mim. Por quantas vezes estive a um passo do descontrole e da autodestruição, mas mesmo me jogando para ela como se quisesse saciar a dor da própria consciência, mesmo tão perto algo não me deixava chegar, me deixando sozinho com a minha própria dor.

Foi tanto tempo convivendo intensamente comigo mesmo que em dado momento caí no sono, como se estivesse muito cansado após uma grande batalha. Nesse sono me entreguei e me conciliei comigo mesmo, e sem sofrimento acordei. Com calma aguardei ciente de que a coisas poderiam ser diferentes a partir daquele momento pois havia algo diferente em mim. Comecei a entender como eu fora vítima da ilusão criada por mim mesmo, tornando-me um homem cruel sem mesmo ser de verdade.

Em um dia como outro qualquer fui retirado de minha própria cela com uns tapas no rosto, e como se eu tivesse acabado de acordar, fui levado novamente para falar com o senhor, que logo me perguntou:

– Como passou?

Ainda meio sonolento, sem muitas forças para me manter em pé e sem olhar em seus olhos, mantendo a cabeça baixa, respondi:

– Não muito bem, senhor.

– Será que foi o suficiente?

Com muita calma e com uma tranquilidade nunca sentida antes, respondi:

– Acredito que sim, senhor!

– Sabe quanto tempo passou preso?

– Não, senhor.

– Nove anos.

– Pareceu-me muito mais, senhor.

– Você está sob minhas ordens, e assim será, você será meu escravo trabalhando em minha falange. Trabalhando para a lei.

Sem saber o que responder, me mantive quieto até que o senhor, me observando muito, me perguntou com um ar de quem queria me testar:

– Você quer trabalhar para mim? Pois venho observando algumas mudanças em sua forma de ver as coisas, mas preciso saber se é verdade.

Sem euforia e com muita serenidade respondi que sim, e logo após a minha resposta ele questionou ao mesmo tempo que pedia para que me retirassem de lá e me levassem de volta à cela:

– Vamos ver se realmente é isso que você quer!

E fui preso novamente em uma cela diferente da primeira, suas portas eram grandes e dava para ver a parte de fora. Umas aberturas em formatos diferentes deixavam uma pequena quantidade de luz entrar. Eu não me questionava mais, nem deixava mais as dores me causarem sofrimento, a partir daquele momento comecei a controlar as coisas que sentia e aos poucos perdi o sentimento que me aprisionava, e minha situação passava a ser algo que eu deveria superar ou cair novamente. Por mais sete anos passei ali aguardando o momento que seria chamado para atuar para a lei.

Durante os sete anos que ali passei consegui me desprender de alguns sentimentos que me mantinham alienado à grande ilusão que gerei em minha vida quando encarnado e depois. Só não consegui me livrar do incômodo da dor e coceira em meu rosto e também em algumas partes do corpo, mas, apesar do desconforto daquela sensação, ficava sempre atento aos meus pensamentos e às minhas futuras escolhas, como se aquele incômodo tivesse sido um aviso do que eu tinha sido e do que eu não poderia voltar a ser. E foi naquela cela que perdi meus sentimentos e deixei de me cobrar e me autopunir, pois nada mudaria, a única coisa que eu deveria fazer era reparar o que tinha feito, e assim aconteceu. Certo dia fui retirado da cela novamente para me encontrar com o senhor.

Já em sua sala depois de um grande silêncio, falei:

– Senhor, sabe que não mudarei o que fiz, e que, apesar da minha ignorância, não serei eximido de qualquer responsabilidade, sei também que não fui tão inocente, muito do que fiz foi para alcançar objetivos dos quais nem me lembro hoje, ponho-me à sua disposição para o que precisar.

– Pedro, não pense que é tão fácil assim, você terá que percorrer um bom caminho agora até ter minha confiança e ganhar sua liberdade.

– E sei, senhor, não estou pensando em minha liberdade, quero trabalhar para o senhor.

– Vamos ver, Pedro! – afirmou ele, com um ar desafiador, e logo ordenou que me levassem de volta para a cela, só que desta vez fui chamado logo em seguida por um dos seus servos que vestia uma longa capa preta com um capuz comprido para frente em cor azulada, que cobria seu rosto que pouco se podia ver. Com uma voz rouca ele me disse, sem se apresentar a mim, sempre muito sério e como muita firmeza:

– Você deve acompanhar estes homens e logo receberá instruções de como atuar. Sou o responsável por este trabalho, assim você responderá a mim, se mantenha sempre quieto e só fale quando for solicitado. Compreendeu?

– Sim, senhor.

– Então vamos.

Todos ali estavam quietos e organizados, eram homens de todos os tipos: jovens, velhos, pareciam pescadores, seus rostos demonstravam muito sofrimento. Todos os lugares ali eram muito diferentes do conhecia. As paredes eram de pedras sobrepostas e a água escorria por entre as fendas, os corredores eram tão grandes que não se via o final e entre eles existiam entradas e saídas similares por onde andavam homens muito bem-vestidos, mulheres muito bonitas, e muitos homens amarrados sendo empurrados para as celas. Tive a sensação de que me mantinham em um lugar diferente daquele, mas aos poucos tive a consciência de que quando cheguei nada daquilo tinha me sido apresentado, como se meus olhos não pudessem enxergar o império do Senhor Exu Sete Mares.

Por ali caminhamos, eu sempre seguindo os homens que o senhor que me tirara da cela pedira para acompanhar. Ao passar pelos corredores ouvia-se de longe os gritos de muitos que ali estavam presos, e como um susto deparei com Lutero, que estendia o braço me chamando pelo nome, mas eu nada podia fazer na situação em que me encontrava. Com tudo que eu já havia passado, a única coisa que podia fazer era me manter consciente da minha escolha, e que cada um respondesse por si diante daqueles homens que executavam a lei.

Ao chegarmos a uma sala pequena, nos enfileiramos para receber as orientações do trabalho, aquele homem de voz rouca que me retirara da cela se apresentou a todos:

– Vocês poderão me chamar de Exu Sete Ondas, eu trabalho na falange do Senhor Exu Rei Sete Mares, servindo a lei ao seu lado. Vamos atuar em uma pequena batalha onde os homens de uma Senhora estão atuando em uma família e deverão ser combatidos.

E assim ele foi passando as orientações, minha função era apenas observar e informar aos meus superiores o melhor momento. Minha aparência ajudaria muito, pois não desconfiariam de mim.

Ao chegarmos ao local, vi os mesmos homens cumprimentarem de forma respeitosa os homens de branco. Me assustei, mas me mantive quieto fazendo tudo que me fora mandado e logo fui orientado a me aproximar e de longe avistei uma grande pedra. Ali me posicionei e fiquei observando. Depois de algum tempo ao prestar atenção em toda a movimentação, consegui identificar os homens da

Senhora da Praia e mais uma vez me assustei, fiquei inquieto, pois não queria ser visto por nenhum deles. De longe eu era observado pelo Exu Sete Ondas, que em dado momento me encarou nos olhos como quem me testava, mas ali me mantive sabendo que aquele era meu teste. Depois de algum tempo percebi uma brecha na organização deles, foi quando avisei ao meu superior que logo atacou e prendeu todos os homens que interferiam na vida daquela família. Mantive-me escondido, não queria ser visto por nenhum deles, e quando os homens da frente de batalha saíram, consegui ver os homens de branco atuando na restauração do equilíbrio energético, eles eram muitos. E se notava que, apesar de parecerem iguais, ali também existia uma hierarquia, mas as minhas observações foram interrompidas pelo Exu Sete Ondas, que, com um toque do bastão que segurava na mão direita, disse:

– Eles terão muito trabalho, e nós temos que ir.

E novamente me posicionei e caminhei juntos aos homens do Senhor até os domínios do Senhor Exu Rei dos Sete Mares. Pelo caminho fui me questionando quanto mal aquela mulher já havia feito e até quando ela faria.

Ao chegarmos logo fui encaminhado a uma sala bonita, cheia de desenhos estranhos pelas paredes que mais pareciam ser feitos de ouro, e ao fundo um belo trono digno de um rei. E logo em seguida entrou o Senhor Rei dos Sete Mares, me abaixei para reverenciá-lo. Ao sentar em seu trono se dirigiu a mim, perguntando:

– Como foi a experiência de combater o mal da sua Senhora?

– Ela não é mais a minha Senhora, senhor!

– É sim! Você ainda está preso a ela.

Foi quando vi que a corda que me prendia a ela ainda estava envolta da minha cintura. E com um susto estampado no rosto, perguntei:

– Mas como, senhor?

– Você deverá se desprender sozinho Pedro. Você não está aqui para que eu o proteja, está aqui, pois chegou ao limite da lei. Não tenho o compromisso de protegê-lo, você deverá cuidar de si mesmo e aprender a se manter diante das suas escolhas. Apesar de saber o real motivo que ainda o fez ficar inquieto diante dos seus homens, foi bom não ser visto por eles, você deve manter sua posição e seu anonimato na função que executou hoje, mas saiba que não pode temê-los, vai chegar o momento em que deverá enfrentá-los. Você deverá ser chamado para outros trabalhos, Pedro, espero que aprenda a atuar com as suas forças.

Passei nessa função por muito tempo, e aprendi muita coisa só observando o trabalho dos homens que eu acompanhava. A atuação deles, a magia utilizada para deter algumas situações e negociações que antecediam as grandes batalhas. Muitas coisas eram negociadas antes de se confrontarem: alguns senhores abriam mão das batalhas por respeito ou por troca de elementos mágicos que davam força a determinadas magias e fortaleciam algumas conquistas.

Já com certa experiência na função, participei de vários trabalhos, mas teve um que foi muito importante para mim. Tínhamos ido para o continente em uma praia onde uma mulher oferecia o sangue de animais sacrificados para algumas entidades das grandes profundezas do mar a fim de matar um homem que era muito bem guardado. Mais uma vez ela tentou, sem resultado. Fiquei observando o momento em que as entidades sairiam do mar para pegar suas oferendas. Elas ficavam à margem esperando a mulher sacrificar os animais de grande porte que trouxera, após um ritual. Iniciado o ritual cortando a garganta dos animais, os chefes dessas falanges saíram das águas como animais e devoravam o sangue que ali era oferecido, e foi naquele momento que foram atacados pela nossa falange. A luta foi muito violenta. Eu observava quieto, mas depois de muito combaterem alguns começaram a fugir, e um deles veio em minha direção sem me ver, pois eu ainda me mantinha escondido apenas observando. Ao perceber que não existia nenhum homem de combate ali, esperei que ele se aproximasse de mim e lancei nele uma corda que envolveu seu corpo fazendo-o cair. Prendê-lo foi fácil, difícil foi mantê-lo preso. Aquela entidade que parecia mais um cachorro, sem pele com brânquias no lugar das orelhas, se debatia e urrava alto fazendo doer meus pensamentos a fim de me perturbar. Naquele momento me mantive muito concentrado e com o braço firme arrastando-o até os outros que já haviam sido presos às outras entidades das profundezas. O senhor que comandava aquele trabalho apenas me olhou sem expressar nenhum tipo de reação diante da minha atitude.

Voltamos e logo fui chamado para diante do senhor.

– Pedro, como está? – perguntou ele, virando com calma em minha direção, e eu, inquieto, respondi:

– Eu sabia que não era minha função, mas não poderia deixá-lo fugir.

– Tudo bem, Pedro, estou satisfeito com a sua atuação, vejo que tem aprendido muito e tem se mantido firme em suas decisões!

– Sim, senhor! – respondi de cabeça baixa.

– Como prova de minha satisfação vou lhe dar algo que queira muito, como um prêmio para que os outros possam reconhecê-lo, poderia sugerir a diminuição das feridas em sua pele que tanto o incomodam?

– Obrigado, senhor, mas não quero! – respondi, ciente do que estava fazendo, e muito curioso o senhor se voltou novamente para mim e perguntou:

– Por que não quer sanar a dor e o incômodo de suas feridas?

– Elas se tornaram minha consciência e a minha lembrança do que não devo ser, ainda preciso delas.

Como certa surpresa nos olhos ele me contornou com breves passos e novamente diante de mim continuou:

– Vejo que criou seus próprios métodos para manter-se no caminho, acredito que logo não será mais necessário sentir dor para se manter na lei.

– Sim, senhor, mas não posso me enganar de que posso ficar sem elas.

– Tudo bem, então me diga o que quer como reconhecimento da sua atuação.

– Posso pedir, senhor, o que eu quiser?

– Se estiver dentro do seu merecimento, por que não?

Sem pensar muito e com a certeza do que eu queria, me voltei a ele e pela primeira vez com ousadia olhei em seus olhos e pedi:

– Gostaria de ter minha adaga de volta, aquela mesma que foi tirada de mim quando fui capturado pelo senhor.

– Como queira.

E logo ordenou que a trouxessem.

Quando o servo do senhor entrou pela porta com a minha adaga na mão, não pude controlar meus sentimentos. Aquela adaga me acompanhava por muito tempo: com ela eu havia caído e me ergueria com ela.

Com a voz embargada e com a adaga enferrujada em mãos, agradeci:

– Senhor, muito obrigado!

– Espere, não podemos deixá-la assim.

E com algumas palavras e a adaga em mãos ela se transformou, deixando de ser uma velha e enferrujada, para se tornar uma bela adaga dourada e com um belo fio. Depois de arrumá-la, continuou:

– Não será só isso, você a partir de agora fará parte da linha de combate atuando na aplicação da lei àquele que for necessário.
– Obrigado, senhor!

E com o respeito que ele havia confiado em mim saí da sala, mas naquele dia não voltei para cela como era de costume, fui para uma sala parecida com a cela porém sem portas e me juntei aos homens que ali estavam. Lembrei-me do que me acontecera quando trabalhava para a Senhora, mas que naquele momento eu não tinha dúvidas do que estava realizando.

CAPÍTULO 6

A escolha

Comecei a trabalhar e tinha muito a apreender, mas me dediquei e a maior lição que aprendi é que para se aplicar à lei e garanti-la um homem deveria ser desprovido de sentimentos. Por todo aquele tempo muitos se ajoelharam e imploraram por piedade e outros lutaram até o fim, mas a minha atuação não mudava, o que causou o desequilíbrio. Era simples: quem deve, paga; quem merece, recebe; eu não me permitia ser influenciado por qualquer que fosse a situação. Assim, consegui me manter e conquistar o respeito de todos, até do Senhor Exu Rei dos Sete Mares, que me chamou para vê-lo. E como um bom soldado, me apresentei a ele:

– Pedro, venho observando suas conquistas e atuação!

– Só faço o meu trabalho senhor.

– Até hoje não lhe contei, Pedro, mais fui ao seu encontro naquele barco por que há muito tempo venho o guardando quando encarnado e o vigiando quando desencarnado, e há muito tempo você vem insistindo em se perder na vaidade e na ilusão, meu dever diante de você era apenas orientá-lo, mas as escolhas sempre foram suas. Fico muito tranquilo em vê-lo neste caminho, conquistando seu caminho na lei. Chamei-lhe aqui hoje, pois já está pronto para fazer um trabalho decisivo em sua vida.

Espantado com tais afirmações e compreendendo muita coisa que passei, continuei a ouvir:

– Sabe as amarras em volta de sua cintura? Você irá desfazê-las. Quero que organize uma forma de combater e aprisionar a Senhora da Praia. Chegou o momento de receber a aplicação da lei, e só você poderá fazer isso. Reúna os homens que precisar, organize-se e traga-a a mim.

– Sim, senhor.

Saí da sala e fui direto para onde os homens se reuniam. Sem saber ao certo o que fazer, chamei aqueles com quem já trabalhara. Nunca fui de fazer amigos e seria difícil pedir por isso, então convidei aqueles que já me conheciam e não tinham nada a perder. Surpreendentemente fui atendido pelos cinco e todos se mostraram honrados por terem sido escolhidos.

Sentei-me com eles e falei sobre minha ideia.

Inicialmente era de apenas entrar lá (como eu já era conhecido encontraria pouca dificuldade de entrar, o difícil seria chegar). Foi quando me lembrei de que muito pouco se falava das águas escuras e de quem cuidava delas, então resolvi pedir permissão ao Senhor para caminhar por tais águas, seria a melhor maneira de chegar perto de seus domínios sem que ninguém nos visse.

Fui me encontrar novamente como o Senhor Sete Mares para lhe falar sobre a minha estratégia de captura. Ele me atendeu de imediato, existia pressa para execução do trabalho.

– Venho lhe pedir ajuda.

– O que deseja?

– Preciso falar com homens das águas escuras.

– Por quê?

– Será a melhor maneira de conseguir se aproximar dos domínios da Senhora da Praia, sem que ela se prepare para a nossa chegada, ao redor de seus domínios existem muitos que a guardam.

– Encontre-me mais tarde, irei com você até lá.

– Sim, senhor, obrigado!

Saí da sala e aguardei até que o Senhor me chamasse, mas a espera só me deixava ansioso. Naquele momento refleti que, apesar de tudo que passei nas mãos daquela Senhora, eu não estava motivado por vingança, e sim pela lei que determinara a sua captura.

Mais tarde, o Senhor me encontrou e, sem pronunciar uma palavra o segui, e assim foi o caminho todo. Caminhamos por uma parte do mar que nunca havia visto, como se estivéssemos descendo. As águas iam escurecendo aos poucos e a cada passo que dávamos, menos enxergávanos. Além da escuridão também podíamos sentir a densidade da água, ficava mais difícil para respirar e caminhar, era como se a água apertasse meu corpo por todos os lados, como se nosso corpo ficasse mais pesado.

Caminhamos por muito tempo e a cada distância percorrida a ausência de luz era mais significativa. Quando não podíamos ver quase nada fomos abordados por um peixe, não sei dizer o tamanho, pois só víamos uma pequena esfera que brilhava levemente na frente da sua cabeça.

Ele nos abordou em silêncio, que foi mantido pelo Senhor Exu Rei dos Sete Mares, e assim continuamos a caminhada, mas agora tendo apenas a pequena esfera do peixe como referência para seguir. Andamos bastante até que, de longe, avistamos uma ínfima luz bem turva, e ao chegarmos identificamos uma pequena caverna com uma abertura bem estreita próxima ao chão, e por ali passamos. Agachamos-nos e entramos por aquela pequena fenda. Ao entrarmos deparamos com uma pequena sala com algumas tochas presas nas paredes úmidas, com várias plantas marinhas presas a elas, mas que iluminavam muito pouco, pois a água era muito turva.

Alguma coisa me deixava inquieto, afinal eu sabia muito pouco sobre aquelas águas e os homens que ali viviam. Muitos homens que as desafiavam não voltavam mais, porém eu não tinha alternativa; aquela seria a única maneira de chegar até a Senhora da Praia e obter o melhor resultado, e eu não estava sozinho, o Senhor estava me apoiando.

Continuamos a caminhar passando por um corredor tão estreito que tínhamos que desviar das rochas nas paredes e no chão, até que chegamos a uma sala um pouco maior e que tinha como revestimento no chão a areia mais fina que eu já havia sentido e ao fundo da sala um homem vinha ao nosso encontro.

Ao chegarmos, o homem cumprimentou o senhor com um leve balanço de cabeça e, como se o convidasse a sentar, mostrou-lhe a cadeira e os dois se sentaram ao fundo da sala; nós ficamos em pé onde tínhamos parado. Achei aquele lugar muito estranho, não via ninguém além de nós, aquele homem e o peixe. Observando melhor, percebi que saíam pequenas bolhas de ar, quase imperceptíveis, detrás de suas orelhas. Apesar de se vestir como um pescador, com roupas simples, ele tinha três guelras que vinham detrás das suas orelhas, desciam pelo pescoço e se encontravam na nuca, além das pontas de seus dedos que mostravam seus ossos. Me esforçava muito para saciar minha curiosidade, mas logo fui interrompido. O homem notou o quanto eu o observava e me olhou nervoso, seus olhos arregalados e suas guelras se abriam de raiva. Imediatamente abaixei a cabeça e eles continuaram a conversa:

– Já estava a sua espera – disse o homem.

– Vim lhe pedir a sua permissão para caminhar sobre seus domínios.

– E por que faria isso? – perguntou curioso.

– Precisamos chegar aos domínios da Senhora da Praia e a melhor maneira de a pegarmos de surpresa é pelas suas águas escuras, aqui poucos se atrevem e nem ela seria tão ousada.

– E por que pegá-la?

– A lei deve ser executada, alguns limites foram ultrapassados.

– E quem fará isso?

– Este jovem que me acompanha.

– E por que ele executará uma tarefa tão difícil?

– Porque só ele pode executar tal tarefa.

– Entendo! Precisa de minha permissão apenas?

E só com o balançar da cabeça respondeu que sim.

– Pois vocês a tem com uma condição.

– Sim, entendo que queira algo em troca.

– Não é só disso que se trata.

– Ele será acompanhado por alguns dos meus homens, devo guardar meus domínios.

– E quantos você vai querer?

– Você sabe o que me ofertar.

– Providenciarei.

– Entregue para aquele que acompanhará vocês até o limite das águas claras.

– Entregarei.

Agradeci-lhe em pensamento, pois não ousaria me pronunciar, mas fui surpreendido com sua resposta.

– Não me agradeça, garoto, não estou lhe fazendo um favor, vocês estão me pagando para isso, e não estão pagando pouco. Espero que a Senhora valha o esforço.

Naquele momento percebi a importância da situação e a responsabilidade que tinha em mãos. Tentando compreender por que estaria à frente de tal tarefa, me mantive quieto e pensativo. Pensava em tudo e em todos os detalhes, nada podia dar errado. E tive muito tempo para pensar, pois a volta me pareceu mais longa que a ida, o cansaço nos levava ao limite e quanto mais subíamos, mais percebíamos a força sobre nosso corpo sendo aliviada. A luminosidade chega a doer os olhos já acostumados com a escuridão.

Ao chegar, descansamos por um dia e fui chamado pelo Senhor. Atendi-o prontamente:

– Senhor.

– Sim, como está? – respondeu ele de costa para mim.

– Bem, senhor.

E ele continuou, sem olhar para mim e com uma dureza constante em sua voz.

– Você sabe que quando passar por lá da próxima vez não terá tempo de descansar, não sabe?

– Sei, senhor. Minha consciência não tem me deixado esquecer isso.

– Por isso decidi que você irá passar uns tempos lá, não nas águas mais profundas, mas nas águas intermediárias. Já enviei um recado junto com o pagamento e espero resposta do senhor daquelas águas.

Com um breve silêncio, tomando coragem para perguntar sobre o tal homem, o Senhor Exu Rei dos Sete Mares, ainda de costas, respondeu:

– Não poderá saber. Poucos sabem seu nome, outros poucos ousam perguntar, e o que sabe, respeita e não repete. São seres reservados, eles cuidam do que há de mais denso e pesado em nosso planeta, por isso merecem nosso respeito e silêncio. Quando encontramos como esses homens pouco falamos e perguntamos, como pode perceber, só se fala o necessário. Para que você entenda melhor, essas águas escuras abrigam os seres mais perturbados e desequilibrados, a maioria deixa de existir enquanto ser, é levada a outro estágio, pois suas alterações energéticas são tão fortes que não pode existir. Compreende agora por que você sentiu tanta pressão corpórea ao descermos? Só assim para mantê-los, e saiba que não chegamos nem ao início daquelas águas, onde atuamos também é conhecido como o grande cemitério, é lá que muitos são recolhidos. Existem lugares lá em baixo que eu não suportaria os gritos e gemidos, pouquíssima vida existe lá, porque ali é o fim onde a água se encontra com o calor do centro do planeta e tudo é transformado para o bem maior. Existem aqueles que não têm jeito, e devem ser colocados em outras formas de vida para compreenderem a relação com a existência.

Depois de um breve silêncio, ele continuou:

– Arrume suas coisas e reúna seus homens, fique preparado, chamo você assim que tiver a resposta.

E assim o fiz. Mas mesmo chamando os homens, as palavras do Senhor não me saíam dos pensamentos, e meio lentamente terminei de reunir todos, me sentei em um canto por um instante, e imaginei como seria atuar de tal forma, como aqueles homens. Talvez eu não fosse desprovido de sentimentos como pensava. Mas logo me concentrei: teríamos um longo caminho a percorrer.

Depressa a resposta chegou e fui chamando pelo Senhor para receber as últimas orientações.

– Pedro, você poderá ficar lá por apenas dois dias, sob a guarda de um dos homens de confiança do Senhor das águas escuras. Ele está lá fora a sua espera e o orientará no que for necessário e junto com ele estarão os homens que foram citados em nossa conversa anterior com o Senhor das águas escuras.

Respondi positivamente com um leve balanço na cabeça.

– Você estará sozinho, ou melhor, terá os homens que leva sob sua responsabilidade, não seja egoísta, pense em todos.

– Sim, senhor, assim o farei.

– Mande alguém me avisar quando for a hora, quero estar ciente.

Com a respiração ofegante, meio assustado e lisonjeado. Ia me retirando da sala quando ele me chamou pela última vez:

– Pedro, o seu sucesso está garantido na fé daquilo que pode realizar e na certeza do homem que é e lembre-se de para quem trabalha.

Respirei fundo, e em silêncio saí da sala, me encontrei com os outros e fomos ao encontro do homem que nos orientaria.

Ao chegarmos à porta, um homem de aparência bem idosa, com poucos cabelos, pele bem branca e enrugada e roupas surradas me olhou e com um balanço de cabeça me cumprimentou. Respondi da mesma forma e o seguimos. Víamos por todo o caminho homens com características similares ao que seguíamos que nos acompanhavam olhando de longe por trás das rochas e entre os peixes.

Caminhamos por um longo tempo. Levávamos apenas nossas armas, cada um a sua e sua história. Eu caminhava com a mão em minha adaga. Ela não me deixaria esquecer o homem que eu era e o homem que me tornei.

Depois de uma longa caminhada chegamos a um grande portão de madeira que foi aberto com dificuldade. Em sua guarda existiam dois homens com o rosto mais parecido com peixes, pois não tinham orelhas, cabelos e o nariz parecia dois pequenos orifícios que se estendiam para as laterais do rosto com guelras.

Entramos, observando sempre e fazendo com muito cuidado o que nos era pedido pelo anfitrião. Ali as águas não eram tão escuras, mas já sabíamos que estávamos em outros domínios. Depois de aguardarmos por alguns instantes fomos chamados para atrás de umas pedras, e ali ficaríamos e treinaríamos o que seria necessário para nossa execução. As pedras formavam uma espécie de fortaleza com pedras altas e um centro plano para nos prepararmos. Pela primeira vez depois de toda a caminhada o homem que seguíamos nos dirigiu a palavra com algumas orientações:

– Meu nome é Josuel, falem apenas o necessário e quando necessário em voz baixa, acomodem-se, voltarei em instantes para ajudá-los.

Com um leve balançar de cabeça, respondi positivamente. Ali ficamos em silêncio. O silêncio só foi quebrado por mim, quando pedi aos homens que se concentrassem na tarefa que tínhamos pela frente e concentrassem suas energias para batalha.

Logo Josuel voltou, nos oferecendo ajuda.

– Vocês precisam de alguma coisa?

Respondi brevemente:

– Gostaria de levar meus homens em águas mais densas.

– Não poderei levá-los muito mais longe de onde estamos, mas sei onde poderão ficar.

Nós o seguimos até outro lugar mais escuro e mais denso, ali pedi que em silêncio cada homem movimentasse em si a energia necessária para ativar suas armas, e assim o fizemos. Concentrei-me principalmente nas palavras que ouvira do Senhor: "Pedro, o seu sucesso está garantido na fé daquilo que pode realizar e na certeza do homem que é e lembre-se de para quem trabalha".

Permiti-me sentir as palavras, além de apenas ouvi-las, e cada vez que as repetia me sentia mais forte e concentrado, ligado a algo maior e infinito.

Dividi o tempo que tínhamos em me concentrar e observar os homens. Eles precisariam estar tão preparados quanto eu. Após os dois dias de concentração, chegou o momento e Josuel veio até mim, para mais uma vez perguntar se precisávamos de algo, então pedi que avisassem o Senhor Exu Rei dos Sete Mares que estávamos prontos e que iniciaríamos a caminhada até o domínio da Senhora da Praia.

Antes de sairmos, reuni meus homens e Josuel, e expliquei o que faríamos:

– Vamos todos entrar juntos, logo na entrada seremos abordados com violência e não quero que reajam, preciso estar diante dela. Conheço-a e sei que vai querer falar comigo, me subestimando, ela será pega em sua arrogância. Depois que nossa batalha começar, quero que se mantenham apenas observando. Quando ela estiver dominada, todos os seus servos ficarão fragilizados e com ela nas mãos não haverá muitos que nos enfrentarão.

– Pedro – interrompe-me Josuel.

– Nós não entraremos com vocês, estaremos do lado de fora observando tudo, pois como disse meu Senhor alguns limites não podem ser quebrados, estaremos lá para preservá-los.

– Sei, Josuel, e respeitaremos isso, não ultrapassaremos.

– Não falo de vocês e sim deles. Tomaremos as providências necessárias caso o limite se quebre.

– Josuel, eu só quero a Senhora da Praia, os outros podem fazer o que quiser, caso ultrapassem seu limites.

Naquele instante iniciamos a nossa longa caminhada, os domínios da Senhora da Praia ficavam longe de onde estávamos e o caminho seria mais longo, pois caminhávamos pelas águas escuras e tínhamos que enfrentar atalhos tortuosos. Conforme andávamos, víamos os seres daquele lugar nos observando. Eles estavam atrás de rochas, debaixo da areia, entre a vegetação; eram homens muito estranhos, sempre com a pele clara, pouco cabelo e uma leve característica de animais marinhos. Diferenciavam-se uns dos outros, mas era claro que todos estavam ali fazia muito tempo.

Caminhávamos em silêncio. Eu andava na frente com Josuel e os outros nos seguiam, então surpreendi Josuel quebrando o silêncio. Perguntei em voz baixa, quase sussurrando:

– Josuel, posso lhe fazer uma pergunta?

– Se puder lhe responder!

– Há quanto tempo está aqui?

E mesmo continuando a caminhada lentamente, com voz bem baixa, disse:

– Mil e quinhentos anos – respondeu ele com tranquilidade, mas continuei:

– É muito tempo, nunca pensou em sair daqui?

– Não, Pedro, eu escolhi servir desta forma.

– Mas por que aqui, nas águas escuras onde não há vida?

– Aqui é onde a vida começa e termina e tudo pode ser transformado.

– Mas todos parecem tristes, sem sorrir, sem falar.

– Todos que aqui estão é por vontade própria. Este é um dos poucos locais do lado negativo onde não existem escravos, só prisioneiros. O equilíbrio deve ser mantido.

Satisfeito com as poucas palavras de Josuel, não quis me estender. Foi quando logo avistamos um facho de luz bem fraco que penetrava em toda aquela escuridão, e perto dele alguns homens nos esperavam. Ao nos aproximarmos pudemos ver que estávamos bem embaixo da entrada da caverna da Senhora da Praia, e, como combinado, caminhamos até lá em silêncio, e discretamente fomos chegando mais perto.

Bem próximos, os peixes que guardavam a entrada da caverna nos avistaram e logo informaram que eu estava ali. Como havia previsto, rapidamente surgiram homens de todos os lados, com violência e suas armas em punho em nosso corpo. Fomos carregados até a grande sala, pediram que nós nos ajoelhássemos para esperá-la, achei estranho, pois não nos amarraram, acredito que como já era preso a ela não seria necessário. Eles só ficaram em volta observando, mas nós nos mantínhamos quietos, na posição que haviam nos colocado.

Não esperamos muito e logo ela chegou. Imponente, com poucas roupas, porém belas e sua cigarrilha na mão. E com a delicadeza que nunca deixara de ter caminhou bem devagar até mim. Eu me mantive quieto e de cabeça baixa, até que ela me pegou pelo queixo com força levantando minha cabeça e me forçando a levantar.

– Por onde você andava?

Perguntou-me com arrogância até no respirar. Eu me mantive quieto, e respondeu-me com um tapa na cara, e já com raiva no falar, ela me perguntou novamente:

– Por onde você andou?

E com mais raiva ela perguntava. Eu queria que ela perdesse o controle, para mim seria melhor se ela ficasse descontrolada nas emoções, seria mais fácil de controlá-la. Mas ela continuou:

– Você, depois de tudo que lhe ensinei.

Parando para respirar profundamente, ela prosseguiu:

– Procurei várias vezes e não conseguia encontrar sua energia, mas sempre soube que havia sobrevivido. E o que veio fazer aqui? Estou muito curiosa!

Naquele momento percebi que algo havia mudado, as coisas ali não eram como antes, era nítido que ela não tinha mais tanto controle como antigamente. Percebi fragilidade em sua voz como se tivesse perdido algo muito importante, mas logo veio minha resposta. Ela contou para todos que estavam ali o que estava acontecendo e comecei a entender minha função.

Com a mistura de angústia, raiva e vingança, ela contou:

– Fiquei muito enfraquecida depois daquela batalha e ainda não me restabeleci por completo. Mas estou fazendo o possível.

E com uma leve risada como se estivesse gostando da situação, ela continuou:

– Arrumei alguns aliados do continente que me ofertam coisas boas por trabalhos pequenos.

E com desprezo no olhar e nas palavras continuou:

– Seres desprezíveis pedem até o que não precisa ser pedido, mas eu faço por um preço caro, muito caro mesmo.

Voltando-se para mim, puxando-me pelo queixo como se pedisse para encará-la, ela continuava a contar suas glórias:

– Sabe qual tem sido meu preço, Pedro?

E respondia com silêncio e olhos fixos nos dela:

– Sangue inocente! O que você acha? Vou ser sincera para você.

E fumando continuamente:

– Não pensei que chegaria a esse ponto, mas tudo bem! E agora vamos falar de você.

Como se ela soubesse minhas reais intenções, olhando-me nos olhos bem de perto a ponto de sentir sua respiração em meu rosto, ela voltou a perguntar:

– O que veio fazer aqui? Por que voltou?

Um breve silêncio se manteve até que ela mesma o quebrou com uma gargalhada.

– Você tem que ser muito corajoso.

E com raiva ela puxou uma única vez com muita força o cordão que ainda existia, e que me prendia a ela. Surpresa ela começou a gargalhar incessantemente, eu não entendia, mas logo ela me explicou.

– Disseram por aí que você estava com os homens da lei! Mas como, se ainda está preso a mim?

Ali eu tinha entendido por que o Senhor Exu Rei dos Sete Mares não me desvencilhara as amaras da Senhora da Praia.

– Seus novos amigos não são muito leais a você, ainda o mantém preso a mim!

Com sobriedade, me olhando nos olhos, ela continuou, e eu sempre em silêncio esperando o melhor momento.

– Não entendo, o que veio fazer aqui?

Com tranquilidade e certo do que estava fazendo, me mantive quieto como se a ignorasse mesmo olhando-a nos olhos como uma afronta, tinha certeza de que isso a deixaria irritada.

E foi o que aconteceu, diante do meu silêncio ela perdeu o controle e repôs a corda que me prendia a ela nas mãos, com se me avisasse que ia começar a nossa batalha. E naquele momento percebi que tinha chegado a hora. Olhando-me nos olhos e com a certeza de que teria o controle sobre mim pois ainda estava preso a ela, gritou:

– Quem você pensa que é!

Com o grito de irritação ela impulsionou com muita força uma descarga energética que correu pela corda, dava para ver caminhar até mim, e eu esperei chegar até minha cintura, mas antes de me envolver puxei minha adaga detrás da minha calça e cortei o cordão bem no meio me deixando segurar um lado e ela outro, e com mesma força devolvi a descarga na corda. Ao receber o choque ela caiu para trás, soltando a corda.

Meus homens se posicionaram para a batalha, mas ainda se mantendo na defensiva esperando o melhor momento, pois os homens da Senhora também se posicionaram, mas aguardavam suas ordens. Com a corda em mãos esperei que ela se levantasse, e olhando em seus olhos surpresos, me manifestei.

– Vim buscá-la.

– Quem você pensa que é agora? – respondeu ela com raiva.

– Sou um soldado da lei, e vim aplicá-la.

– Como ousa! Você não tem força contra mim.

– Vamos ver.

Com um grito ela ordenou:

– Vamos, homens, o que estão esperando?

Naquele instante todo fomos surpreendidos, pois muitos homens entraram e eram os homens do Senhor Exu Rei, mesmo surpreso e sem entender, me concentrei na Senhora da Praia e iniciamos nossa batalha.

Ainda com a corda em uma das mãos e adaga na outra a enfrentava e ela me atacava com outra corda energética. Disparei por várias vezes e ela também, sem sucesso de ambos, corríamos por todo o salão, chegávamos a desviar da batalha dos outros homens, até chegarmos perto de um corredor vazio pelo qual ela entrou e eu me concentrei tirando força das palavras do Senhor Exu Rei. "... o seu sucesso está garantido na fé daquilo que pode realizar e na certeza do homem que é e lembre-se de para quem trabalha". Seria ali que eu mostraria o que era e para que eu trabalhava e com um golpe certeiro atingi seu pescoço com a minha adaga e naquele momento a prendi. Ela se debatia com força, havia me superado e nada que ela fizesse poderia soltá-la das minhas forças.

Ao mesmo tempo orgulhoso de minha conquista, a pressa de encerrar a batalha era grande com ela aprisionada, os outros não fariam mais nada, todos ali estavam enfraquecidos, eles não tinham mais por que lutar.

Levantei-a e, andando na minha frente, com a cabeça virada para trás, me encarando como se não admitisse a derrota e ainda se debatendo para se soltar, a levei sem muito esforço, pois estava muito bem presa, até o grande salão. Quando todos aqueles que trabalhavam para ela a viram presa a minha adaga começaram a tentar fugir e se esconder, mas isso não era possível, pois toda aquela caverna estava dominada pelos homens do Senhor Exu Rei dos Sete Mares, era ele quem dava as ordens ali naquele momento. Ao chegar ao centro do salão o vi entrar e caminhar até meu encontro, e como um prêmio a entreguei a ele.

– Aqui está, como o senhor me pediu!

– Muito bom, Pedro. Leve-a para meus domínios.

E assim o fiz. Saí com ela sob o domínio da minha adaga e fomos de barco até os domínios do Senhor Exu Rei dos Setes Mares. Ao chegarmos os homens que guardavam a porta me olharam diferente, como se me admirassem.

Levei-a até uma das celas mais bem protegidas, eu não tinha dúvida de que ela tentaria de tudo, então a coloquei dentro da cela, fechei com minha adaga e recitei umas palavras deixando a porta selada pelas minhas forças para que ela não fugisse. Depois de tudo, soltei-a de minhas forças, e ao perceber que estava solta, urrou de raiva. Eu saí de costas para ela, enquanto me ameaçava:

– Eles não são seus amigos, Pedro, e não são tão bons exus da lei assim. Sairei daqui, me vingarei com toda força que existe em mim.

Sem dar atenção a ela já me distanciando, percebi que tentava colocar a mãos na porta da cela como se quisesse chamar atenção, mas ao tentar ela tomava um choque e logo se retraía novamente. Conformada com a situação mudou o discurso. Já longe sem nem me virar para traz ouvi bem baixo ela gritar ao fundo:

– Podemos nos unir e com a força que você tem hoje teremos muito aos nossos pés!

E numa atitude desesperada, berrando em um ato de loucura continuou:

– Tirem-me daqui! Eu sou a Senhora da Praia.

Quando cheguei ao grande salão não dava para escutá-la, mas cansado me sentei no chão perto de uma coluna de costas para a porta e pensei no que tinha acabado de realizar, me senti realizado, orgulhoso de mim mesmo. Naquele momento me dei conta do homem que eu acabara de me tornar, com certeza e convicção que nunca pensei que teria, mas sempre procurava.

Meus pensamentos foram interrompidos pela movimentação do salão, me levantei e observei os outros homens que voltavam com os servos da Senhora da Praia. Eles entraram enfileirados caminhando sentido às celas. Estavam amarrados pelas mãos e pés e em silêncio caminhavam olhando para o chão, conforme tinham sido orientados. Logo fui informado de que muitos haviam fugido, mas ainda existiam homens a procurá-los, e logo seriam pegos, pois não teriam para onde ir.

Depois que todos os homens que foram comigo se reuniram, os agradeci:

– Senhores, gostaria de agradecer a valentia e lealdade que tiveram comigo, sem vocês eu não teria conseguido.

– Pedro, o mérito é todo seu. Foi você que a capturou, nós apenas demos o suporte que precisava – disse Abdul em nome de todos os cinco homens que me acompanhavam. Agradeci novamente e todos foram descansar até a próxima tarefa.

Era claro que algo tinha mudado em mim, me sentia forte e maduro em relação aos meus sentimentos e obtive mais clareza da pessoa que eu era. Passaram-se três dias até ser chamado novamente pelo Senhor. Eu o atendi prontamente, estava ansioso para conversarmos.

Chegando lá, ele já me esperava.

– Como está, Pedro?

– Descansado, senhor.

– Prepare-se, vamos até o continente.

– Sim, senhor.

Saí um pouco frustrado, pois ele nada havia comentado, mas aguardei e logo ele se aprontou e saímos a caminho do continente. A caminhada era longa e a faríamos em silêncio. Caminhamos por entre cardumes de peixes pequenos e grandes e solitários, passamos por uma fragata naufragada e de longe se ouviam os gemidos de dor e os pedidos de socorro, mas tudo ficava diferente conforme a luz se aproximava e água se esquentava e tudo era visto mais claramente.

Ao sairmos das águas havia vários homens à nossa espera e debaixo de uma árvore nos esperava um homem de branco, já de idade, que nos aquecia de uma forma diferente como se nos acolhesse. O Senhor o cumprimentou e eu, quieto, me mantive atrás dele, sem saber o que acontecia.

Surpreendi-me quando o homem de branco se virou para mim como se me procurasse por trás do Senhor e me perguntou:

– Como está, Pedro? Meu nome é José.

Abaixando minha cabeça como um sinal de respeito e sem entender, respondi. Percebi que o Senhor Exu Rei saiu e nos deixou sozinhos.

– Bem, senhor! Prazer.

– Acredito que sim, depois de tal vitória.

– Estou muito feliz por ter superado tão grande desafio, senhor.

– Sei disso e é por isso que estamos aqui, Pedro.

– Você conquistou a sua maior batalha, que foi a sua superação pessoal sobre o certo e o errado, uma lição difícil de ser aprendida, pois em relação a valores deturpados essa distinção fica menos clara, e alguns homens se perdem e devem ser novamente encaminhados. Você, Pedro, tem o seu mérito, pois achou esse caminho sozinho. O Senhor Exu Rei dos Sete Mares só o encaminhou, mas você encontrou suas deficiências e as superou a ponto de conseguir aplicá-las de acordo com a lei.

Senti-me emocionado com tais palavras. E ele continuou:

– A lei lhe permite agora decidir o caminho que quer tomar, como um mérito do que conquistou, mas antes de me responder, por que nunca mudou sua aparência?

– As minhas feridas não me deixam esquecer o que sou e quem fui e o caminho em que devo me manter.

– E qual seria esse caminho, afinal estamos aqui para resolver isso.

– O da lei, no mistério da ilusão, senhor.

– Já tenho minha resposta, Pedro. Quero que conheça uma pessoa.

E de longe avistei alguns homens que se vestiam como piratas, como nos barcos em que vivi. E quando chegaram até nós, o senhor os apresentou a mim:

– Este é o Homero, o chefe da falange dos piratas, trabalha na linha do mistério da ilusão. Veio até aqui para o convidar a trabalhar em sua falange e atuar na aplicação da lei, como você se posicionou.

Em pensamento questionei por que não ficar com o Senhor Exu Rei dos Sete Mares. E José respondeu-me:

– Pedro, cada falange tem sua atuação e cuida de uma parte para a manutenção do equilíbrio. A linha dos piratas é umas das responsáveis por esse equilíbrio, trabalhando junto com as forças das águas que é de onde tudo surge e tudo termina na transformação da vida.

Olhando para trás o Senhor Exu Rei me deu um leve sorriso e voltou para suas águas.

Certo da escolha que fiz, segui meu caminho junto com a linha dos piratas atuando com eles, aplicando e aprendendo com a lei e respeitando o ser maior.

Outras publicações

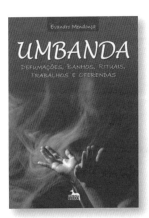

UMBANDA – DEFUMAÇÕES, BANHOS, RITUAIS, TRABALHOS E OFERENDAS

Evandro Mendonça

Rica em detalhes, a obra oferece ao leitor as minúcias da prática dos rituais, dos trabalhos e das oferendas que podem mudar definitivamente a vida de cada um de nós. Oferece também os segredos da defumação assim como os da prática de banhos. Uma obra fundamental para o umbandista e para qualquer leitor que se interesse pelo universo do sagrado. Um livro necessário e essencialmente sério, escrito com fé, amor e dedicação.

ISBN: 978-85-86453-22-9
Formato: 16 x 23 cm – 208 páginas
Papel: off set 75 grs

PRETO-VELHO E SEUS ENCANTOS

Evandro Mendonça inspirado pelo Africano São Cipriano

Os Pretos-Velhos têm origens africana, ou seja: nos negros escravos contrabandeados para o Brasil, que são hoje espíritos que compõe as linhas Africanas e linhas das Almas na Umbanda.

São almas desencarnadas de negros que foram trazidos para o Brasil como escravos, e batizados na igreja católica com um nome brasileiro. Hoje incorporam nos seus médiuns com a intenção de ajudar as almas das pessoas ainda encarnadas na terra.

A obra aqui apresentada oferece ao leitor preces, benzimentos e simpatias que oferecidas aos Pretos-Velhos sempre darão um resultado positivo e satisfatório.

ISBN: 978-85-86453-26-7
Formato: 16 x 23 – 176 páginas
Papel: off set 75 grs

Outras publicações

EXU E SEUS ASSENTAMENTOS

Evandro Mendonça inspirado pelo Senhor Exu Marabo

Todos nós temos o nosso Exu individual. É ele quem executa as tarefas do nosso Orixá, abrindo e fechando tudo. É uma energia vital que não morre nunca, e ao ser potencializado aqui na Terra com Assentamentos (ponto de força), passa a dirigir todos os caminhos de cada um de nós, procurando sempre destrancar e abrir o que estive fechado ou trancado.

ISBN: 978-85-86453-23-6
Formato: 16 x 23 – 176 páginas
Papel: off set 75 grs

POMBA-GIRA E SEUS ASSENTAMENTOS

Evandro Mendonça inspirado pela Senhora Pomba-Gira Maria Padilha

Pomba-Gira é uma energia poderosa e fortíssima. Atua em tudo e em todos, dia e noite. E as suas sete ponteiras colocadas no Assentamento com as pontas para cima representam os sete caminhos da mulher. Juntas às outras ferramentas, ervas, sangue, se potencializam tornando os caminhos mais seguros de êxitos. Hoje é uma das entidades mais cultuadas dentro da religião de Umbanda. Vive na Terra, no meio das mulheres. Tanto que os pedidos e as oferendas das mulheres direcionadas à Pomba-Gira têm um retorno muito rápido, na maioria das vezes com sucesso absoluto.

ISBN: 978-85-86453-24-3
Formato: 16 x 23 – 176 páginas
Papel: off set 75 grs

EXU, POMBA-GIRA E SEUS AXÉS

Evandro Mendonça inspirado pelo Sr. Exu Marabô e pela Sra. Pomba-Gira Maria Padilha

A obra apresenta as liberações dos axés de Exus e de Pombas-Giras de modo surpreendente, condensado e extremamente útil. É um trabalho direcionado a qualquer pessoa que se interesse pelo universo apresentado, no entanto, é de extrema importância àquelas pessoas que tenham interesse em evoluir em suas residências, em seus terreiros, nas suas vidas.

E o que são esses axés? "Axé" é força, luz, poder espiritual, (tudo o que está relacionado com a sagrada religião), objetos, pontos cantados e riscados, limpezas espirituais etc. São os poderes ligados às Entidades.

ISBN: 978-85-86453-27-4
Formato: 14 x 21 – 192 páginas
Papel: off set 75 grs

A MAGIA DE SÃO COSME E SÃO DAMIÃO

Evandro Mendonça

Algumas lendas, histórias e relatos contam que São Cosme e São Damião passavam dias e noites dedicados a cura tanto de pessoas como animais sem nada cobrar, por esse motivo foram sincretizados como "santos dos pobres" e também considerados padroeiros dos médicos.

Não esquecendo também seu irmão mais novo chamado Doúm, que junto fez parte de todas as suas trajetórias.

A obra oferece ao leitor algumas preces, simpatias, crenças, banhos e muitas outras curiosidades de São Cosme e São Damião.

ISBN: 978-85-86453-25-0
Formato: 14 x 21 cm – 136 páginas
Papel: off set 75 grs

Outras publicações

CIGANOS – MAGIAS DO PASSADO DE VOLTA AO PRESENTE

Evandro Mendonça

Na Magia, como em todo preceito espiritual e ritual cigano, para que cada um de nós tenha um bom êxito e consiga o que deseja, é fundamental que tenhamos fé, confiança e convicção. E, naturalmente, confiança nas forças que o executam. Para isso é fundamental que acreditemos nas possibilidades das coisas que queremos executar.

ISBN: 978-85-86453-21-2
Formato: 16 x 23 – 176 páginas
Papel: off set 75 grs

ILÊ AXÉ UMBANDA

Evandro Mendonça ditado pelo Caboclo Ogum da Lua

Filhos de Umbanda e meus irmãos em espíritos, como o tempo e o espaço são curtos, vou tentar resumir um pouco de cada assunto dos vários que eu gostaria muito de falar, independentemente da religião de cada um. Não são palavras bonitas e talves nem bem colocadas na ordem certa desta descrita, mas são palavras verdadeiras, que esse humilde Caboclo, portador de muita luz, gostaria de deixar para todos vocês, que estão nesse plano em busca da perfeição do espírito, refletirem.

ISBN: 978-85-86453-30-4
Formato: 16 x 23 – 136 páginas
Papel: off set 75 grs

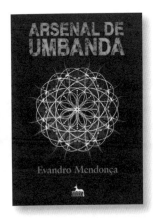

ARSENAL DE UMBANDA
Evandro Mendonça

O livro "Arsenal da Umbanda" e outros livros inspirados pelo médium Evandro Mendonça e seus mentores, visa resgatar a Umbanda no seu princípio básico, que é ligar o homem aos planos superiores. Atos saudáveis como o de acender uma vela ao santo de sua devoção, tomar um banho de descarga, levar um patuá para um Preto-Velho, benzer-se, estão sendo esquecidos nos dias de hoje, pois enquanto uns querem ensinar assuntos complexos, outros só querem saber de festas e notoriedade.

Umbanda é sabedoria, religião, ciência, luz emanada do alto, amor incondicional, crença na Divindade Maior. Umbanda é a própria vida.

ISBN: 978-85-98647-03-6
Formato: 16 x 23 cm – 208 páginas
Papel: off set 75 grs

O PIANISTA DE DEUS
Sandra Marcondes – pelo espírito Wellington

Essa obra é uma história de escolhas humanas, sob a Lei de Deus do Livre-Arbítrio, com suas repercussões e consequências individuais e coletivas. No caso específico de Wellington, suas escolhas são principalmente para entrar ou não no mundo do crime, e particularmente quanto ao comércio e uso ilegal de drogas. Práticas essas, aliás, que, segundo Wellington, "um dia estarão 100% extirpadas do Plano Físico e do Plano Espiritual da Terra. Trata-se de um processo bastante longo de evolução humana, que começa pela mudança interior de cada um, mas que já começou".

ISBN: 978-85-98647-02-9
Formato: 16 x 23 cm – 136 páginas
Papel: off set 75 grs

Distribuição exclusiva

www.aquarolibooks.com.br